KB274619

머리 잘 굴리는 사람이 성공한다

머리 잘 굴리는 사람이 성공한다
이병호 지음

초판 인쇄 | 2010년 03월 25일
초판 발행 | 2010년 03월 30일

지은이 | 이병호
펴낸이 | 신현운
펴낸곳 | 연인M&B
디자인 | 이희정
기 획 | 여인화
등 록 | 2000년 3월 7일 제2-3037호
주 소 | 143-874 서울특별시 광진구 자양동 (680-25호(2층)
전 화 | (02)455-3987 팩스 | (02)3437-5975
홈주소 | www.yeoninmb.co.kr
이메일 | yeonin7@hanmail.net

값 12,000원

ⓒ 이병호 2010 Printed in Korea

ISBN 978-89-6253-050-6 03810

머리 잘 굴리는 사람이 성공한다

성공을 부르는 52가지 스킬

이병호 지음

연인 M&B

| 추천사 |

용기 있는 사람이 성공한다

성공하기 위해서는 용기가 필요하다. 흔히 성공은 노력에 비례한다고 한다. 그럴 것이라는 확신으로 우리는 오늘과 내일 그리고 미래를 살아간다. 많은 사람들은 자신이 노력한 것보다 더 많은 성과와 결과를 얻으려고 하는 것이 현실이다.

나는 이병호 실장에 대하여 잘 알고 있다. 어릴 적부터 신념과 의지가 강한 사람이다. 적당한 체구에 항상 환한 얼굴에 자신감 넘치는 모습이 마음에 든다. 무엇인가 꿈을 지닌 그리고 산정을 향하여 뚜벅뚜벅 발자국을 옮기는 믿음직스런 등산인을 연상케 한다.

어느 날 그가 원고를 가지고 사무실에 왔다. 교육 에세이 『머리 잘 굴리는 사람이 성공한다』의 추천사를 써 달라는 것이다. 나는 용감한 결행을 또 한 번 했다는 생각이 들었다. 자신의 교육관이나 인생철학을 한 권의 책으로 낸다는 것은 매우 어려운 일이다. 모든 일을 서슴없이 해내는 이병호 실장이 정말 부럽다.

평소 그의 생각과 생활 방식을 통하여 그러한 일을 넉넉히 해 낼 수 있다는 생각을 해 보지만 원고 내용이 정말 궁금하였다. 원고는 일을 마치고 저녁시간을 이용하여 단숨에 독파하였다. 여러 가지 감회가 오고 갔다.

앞으로 다가오는 지식기반 사회는 지식자본이 중시되는 창의적 지식사회로 바뀐다. 정보화 사회의 도래로 지식을 획득하고 활용, 결합할 수 있는 역량이 더욱 중요해지고 있다. 또 다원화 사회의 도래로 실용지능 등 다양한 가치를 창출하는 것만이 성공과 출세의 지름길이다.

날로 창의적 인재 육성이 시급한 과제로 대두되고 있는 실정이다. 이런 새로운 시대에 맞춰 성공의 기회를 만들고, 누구나 가지고 있는 성공 잠재력을 깨우는 노력은 필요하다.

이병호의 삶은 위인 열전처럼 성공, 그것만은 아니다. 가난과의 싸움, 현실을 직시한 삶에 대한 뜨거운 열정은 경제적으로 어려움 속에서 어깨를 늘어뜨리고 있는 모든 사람에게 희망을 주고 바르게 살아가는 길잡이가 될 것으로 믿는다.

이병호 실장이 세상을 바라보는 안목은 항상 희망적이다. 희망을 향하여 용솟음치는 삶의 열정은 보통사람과는 확실히 다르다. 배고픔에 시달리던 이병호 실장이 직영급식을 주도하여 아이들이 잘 먹여 키우는 학교급식에 팔을 걷고 나선 것은 결코 우연이 아니다. 그러던 그가 실용지능을 활용한 '성공 교과서'을 펴낸 것이다. 이 책을 통하여 성공의 기회를 앞당기는 계기가 될 것이라고 확신한다.

한 권의 책을 추천하는 사람으로서 마음이 가볍고 자랑스럽다. 누구나 성공하기를 바란다. 어느 분야에서든 성공한 사람들을 보면 남이 모르는 고통과 뼈를 깎는 노력이 있었기 때문에 가능했다. 누구나 성공 잠재력을 가지고 있다.

이 책은 부모와 자녀, 자녀와 부모가 함께 읽으면, 알았으면서도 느끼지 못했던 공감을 이끌어 줄 만큼 풍부한 내용을 담고 있는 책이라 할 수 있다. 평소 상황대처 능력을 길러 성공과 출세를 동시에 잡을 수 있는 최고의 실용서가 될 것이다.

지식기반 사회와 정보화 시대에 남보다 앞서 가기 위해서는 실용지능의 역할은 날로 증대되고 있다. 평소 꾸준하게 문제해결능력과 실용지능을 기르는 노력은 당신의 성공적인 삶을 살아가는 데 밑거름이 될 것으로 확신한다.

2010, 경인년 새해를 맞이하면서
당신을 지켜줄 미래의 안경
볼리앙코 대표이사 이 택 근

누구에게나 희망은 있다

　나의 처녀작이라고 말할 수 있는 교육에세이 『나는 이런 꿈과 희망을 간직하고 싶다』를 출간한 지 벌써 10년이란 세월이 훌쩍 지났다. 첫 작품이라 그런지 독자들로부터 많은 찬사와 호평을 받았다. 지금도 그때를 생각하면 마음이 찡하고 기분이 으쓱해진다. 정말 감사할 따름이다.

　독자들로부터 진지한 관심과 호응을 받으면서 더 많은 독자에게 또 다른 선물을 주고 싶은 생각이 들었다. 그래서 나는 많은 시간을 할애하여 누구나 꿈꾸고 있는 성공의 기회를 만드는 실용지능에 대한 원고를 모으기 시작한 것이 벌써 한 권의 책이 되었다.

　교육대학원에서 교육학을 전공하여 교육에 대한 이론을 어느 정도의 관심을 가지고 있었지만, 우리 두뇌의 이해와 활동에 대한 원고를 쓰는데 많은 어려움이 있었다. 너무 무리한 도전이라는 생각도 들었다. 원고를 마치기까지는 많은 고민을 하였다. 몇 번이고 포기할까도 마음을 먹었었다. 하지만 포기할 수 없었다. 나 스스로 희망을 놓지 않는 것처럼 누군가에게 희망의 끈을 던져주고 싶었다.

누구에게나 희망은 있다. 세상에 꿈이 없는 사람은 한 사람도 없다. 하지만, 아무런 노력 없이 성공을 꿈꾸는 사람이 많다는 것이 문제다. 이른바 불로소득을 추구하는 세상이 되어 희망을 갖는다는 것은 사치가 된 지 오랜 시간이 지났다. 그럼에도 영속적이고 안전한 것은 희망이라는 자본일 것이다.

여기에서 희망을 논하는 지금의 현대사회는 학력보다도 실용지능을 중시하고, 대인관계가 좋아야 성공한다는 공감대가 형성되고 있다. 이젠 몸값도 사람이 사용하는 실용지능에 따라 결정되고 있는 것이 오늘의 현실이다. 역설적인 표현인지 모르지만, 그래서 머리 잘 굴리는 사람이 성공한다는 말이 나온 것이다. 성공한 사람들을 보면 물론 학교 다닐 때 공부를 잘한 사람이 많지만 의외로 평범했던 사람이 많다. 어떻게 보면 희망이란 선천적으로 그냥 주어지는 것이 아니라 노력과 함께 나타나고 성장하는 것이라고 볼 수 있다.

희망이란 바로 본인의 의지와 열정의 정도에 따라 나타날 것이다. 의지와 열정의 효율성의 근본은 실용지능이다. 이 책에서는 우리 일상생활에서 소홀하기 쉬운 실용지능을 기르는 기법을 활용하여 상황판단이나 문제해결능력을 기르는 데 중점을 두어 책을 만들었다.

어느 통계에 의하면 인간이 삶을 살아가면서 70% 이상이 마이너스 발상을 하여 성공에 커다란 장애물이 된다고 한다. 이 책이 잠재된 실용지능을 조기에 계발하여 어떤 일이나 떠오르는 생각을 항상 긍정적이고 ‘플러스 발상’으로 전환하는데 도움이 되고, 또 성공을 부르는 52가지 스킬을 배우고 익혀 삶에 활력을 불어넣어주는 기회가 되었으면 한다.

　바쁜 생활 속에서도 흔쾌히 추천사를 써주신 볼리앙코 이택근 대표이사님을 비롯한 여러분과 좋은 책을 만들어 주신 연인M&B 신현운 사장님과 편집부 직원 여러분께 뜨거운 감사의 말씀을 드린다.

2010년 2월

대덕전자기계고등학교에서

이 병 호

나는 성공할 수 있는 사람인가?

누구나 성공 잠재력은 다 가지고 있다. 성공 잠재력을 평가하는 방법에는 여러 가지가 있겠지만 무엇보다 성공지수를 통해 성공 가능성을 알아보는 것이 더욱 효과적이다.

아래 4개 영역, 20개 항목을 자신이 스스로 평가하면 된다. 평가를 통해 당신의 성공 가능성을 알 수 있다. '성공을 부르는 52가지 스킬'을 꾸준히 실천한다면 당신은 어느 누구도 예상하지 못한 성공의 주인공으로 주목받을 것이다.

영역별	평가 항목	점 수
1. 적극적인 사고력 (25점)	남보다 다르게 생각하고 행동한다 1　2　3　4　5	
	고정관념을 언제든지 깰 수 있다 1　2　3　4　5	
	어느 사람과도 쉽게 소통이 가능하다 1　2　3　4　5	
	힘들 때일수록 나를 이기는 힘을 기른다 1　2　3　4　5	
	구체적인 목표를 가지고 조금씩 실천한다 1　2　3　4　5	
2. 아이디어 발굴능력 (25점)	오감을 활용하여 기억을 한다 1　2　3　4　5	
	긍정적인 사고로 플러스 발상을 한다 1　2　3　4　5	
	항상 아이디어 찾는 노력을 한다 1　2　3　4　5	
	시간을 잘 활용하는 방법을 연구한다 1　2　3　4　5	
	아침을 활기차게 맞이하는 방법을 알고 있다 1　2　3　4　5	

영역별	평가 항목	점 수
3. 문제해결능력 (25점)	영향력 있는 사람을 가까이한다 1　　2　　3　　4　　5	
	사람들의 관심을 끄는 힘을 가지고 있다 1　　2　　3　　4　　5	
	매사에 타이밍을 맞춰 일을 처리한다 1　　2　　3　　4　　5	
	능력보다는 도전과 실수를 통해 성장한다 1　　2　　3　　4　　5	
	그때그때 상황에 따라 적절하게 처리한다 1　　2　　3　　4　　5	
4. 두뇌 활용능력 (25점)	누구보다 나의 강점지능을 잘 활용한다 1　　2　　3　　4　　5	
	떠오르는 즉시 메모하는 습관을 기른다 1　　2　　3　　4　　5	
	나의 숨은 달란트를 찾으려고 노력한다 1　　2　　3　　4　　5	
	전자파가 많이 나오는 기기 사용을 자제한다 1　　2　　3　　4　　5	
	좌뇌와 우뇌의 힘을 동시에 기른다 1　　2　　3　　4　　5	
합 계 (100점)		

※ 평가점수는 1에 가까울수록 빈도가 낮고, 5로 갈수록 빈도가 높다

〔평가 방법〕

성공지수(85~100)
성공 가능성이 높음

성공지수(70~84)
성공 잠재력이 있음

성공지수(50~69)
성공 가능성이 낮음

차 례 | Contents

제1부

적극적인 사고로 실용지능을 높이는 기법

제2부

참신한 아이디어로 실용지능을 넓히는 기법

제4부

잠재력을 깨워 실용지능을 키우는 기법

Timing
New idea
Ability
Potential
Brain
Creativity
Influence
Habit
Success
Change
Efficie
Thinking
Habit
Creation
Training
c
Wisdom
Energy

제6부

일상 속에서 실용지능을 키우는 기법

참고문헌

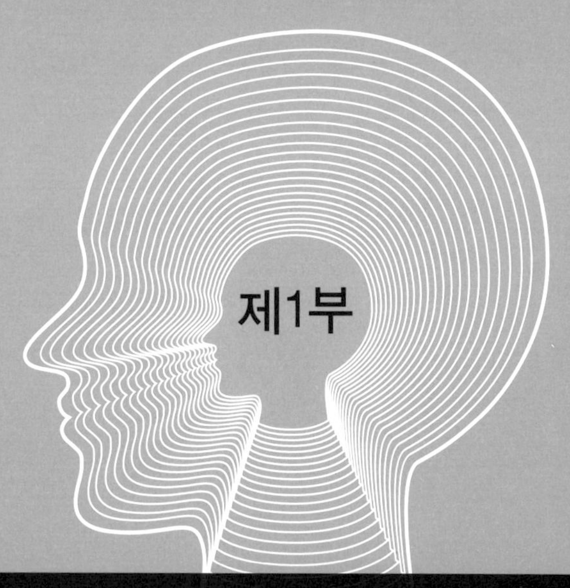

제1부

적극적인 사고로
실용지능을 높이는 기법

01

'스타벅스의 비밀'을 훔쳐라

스타벅스는 광고를 하지 않는다. 미국 내에 있는 유명 커피 제품의 회사들은 많은 돈을 들여 커피를 마시라고 유혹하지만, 스타벅스는 절대 광고를 하지 않는 것이 특징이다. 다만 스타벅스 엔터테인먼트를 만들어 음반을 판매하고 있을 뿐이다.

스타벅스란 명칭은 허만 멜빌의 소설 '모비 딕'에 나오는 고래잡이배 피쿼드(Pequod)호의 일등 항해사의 이름 '스타벅'에서 유래된 이름이다. 스타벅스의 로그는 그리스 신화에 나오는 사이렌이라는 긴 머리의 인어다.

사이렌은 아름답고 달콤한 노랫소리로 지나가는 배의 선원들을 유혹해 죽게 하는 것으로 알려졌다. 이처럼 지나가는 행인의 발걸음을 스타벅스로 유인하겠다는 뜻으로 만들었다고 한다. 광고를 하지 않아도 많은 사람들이 모이는 그 이유가 바로 여기에 있다. 스타벅스는 커피가 아니라 '브랜드'를 판 것이다.

자판기 커피 한 잔에 500원, 이것도 비싼 편이다. 300원 이하로

파는 자판기가 많다. 그러나 스타벅스 커피 한 잔은 5,000원을 주어야 마실 수 있다. 이렇게 가격이 비싼데도 많은 손님들이 모이는 이유는 과연 무엇 때문일까? 또, 스타벅스의 비밀은 어디에 숨어 있을까? 하고 고민 아닌 고민을 하게 된다.

이곳을 찾는 사람들은 커피 한 잔을 사먹는 일이 마치 고급문화의 일부로 편입한 듯한 착각을 일으킬 정도로 인간의 심리를 자극하여 고객을 끌어 모았던 것이다. 마치 커피의 입맛을 하나의 미학적 취향으로 바꾸어 놓은 것이다.

매장에 들어서면 분위기부터 다르다. 실내에 잔잔하게 흐르는 재즈음악, 가지런하게 진열된 원두커피, 정성스레 거품과 브랜드를 담아주는 점원들의 모습이 젊은이들을 사로잡고 유혹했다. 스타벅스란 이름 자체가 고급스런 커피를 즐기는 신세대들의 코드가 되었고, 사람들은 이런 코드를 공유하고 싶어하는 열풍을 불러일으켰던 것이다.

실내 분위기도 분위기이지만, 사이렌이 그려진 로고가 달린 머그잔과 티셔츠, 일기장은 신세대들의 아이콘으로 소비된다. 커피잔과 아이템 위에 새겨진 로고는 그것을 소유한 이가 어떤 취향공동체의 일원이라고 말해 준다.

스타벅스는 단순한 커피전문점이 아닌 사람과 사람을 연결해주는 보통 커피점과는 다른 또 다른 문화공간이요, 인간의 삶과 질을 고양하는 장소라는 특별한 노하우를 가지고 있다. 또 스타벅스의 경영철학에 숨어 있다. 바로 '나눔'과 '섬김'의 이념이다.

그리고 경영전략의 기본에는 5P와 오감 마케팅이 들어 있다.

5P란 People(사람), Product(제품), Place(장소), Price(가격), Promotion(판매전략)을 의미하고, 오감 마케팅이란 좋은 그림을 보고(시각), 아름다운 음악을 듣고(청각), 향긋한 향이 가득한 커피를 마시는(미각) 행위 자체가 우뇌를 적극적으로 움직이게 하여 인간의 심리를 사로잡은 것이다. 이러한 본질, 경영전략, 정책을 가지고 스타벅스를 발전시켰다.

스타벅스에는 무엇인가 특별한 것이 있다. 본사에서 지정한 곡이 아닌 다른 음악을 함부로 매장에서 틀 수 없다. 듣던 음악도 일정한 시간이 지나 유통기간이 지나면 반납해야 한다. 매달 한 차례 100여 곡이 담긴 CD 2~3장이 각 매장에 공급된다. 콘셉트는 일정한 것은 물론이고, 1년이 지난 CD는 회수해 간다. 이곳에서 들을 수 있는 음악은 재즈음악과 팝 클래식, 노라 존스의 Don't know why 등이다.

스타벅스가 몇 십 년 만에 세계적인 커피왕국을 이룬 것은 결코 행운이 아니라 인간의 오감을 자극하는 빛나는 보석과 그 보석을 녹슬지 않게 갈고 닦은 열정, 그리고 어떤 일에 끊임없이 노력한 필연적인 결과이다. 성과를 이루기까지 준비한 노력과 노고와 고객의 마음을 사로잡는 성실함에 기인한 것이라고 하겠다.

02

손자병법의 지혜를 배워라

인생은 먼 길을 가는 여정이다. 여행처럼 짧게 떠난 후에 돌아오는 것이 아니다. 너무 조급하게 서둘 필요가 없다는 말이다. 때로는 알면서도 먼 길을 돌아가야 할 때가 있다. 이것이 인생이다. 경쟁이나 협력이라는 메카니즘을 이용하여 상대방과의 관계를 효과적으로 풀어가게 하고, 현대인의 삶의 질을 향상시킬 수 있는 학문이 있다. 바로 손자병법이다.

손자병법은 전쟁에만 국한된 것이 아니라 복잡하게 얽힌 인간관계를 풀어주는 '현대판 처세학문' 이라고 감히 말할 수 있다. 병법에는 최고로 꼽는 것은 싸우지 않고 이기는 것을 강조한다. 아무리 약한 상대일지라도 싸우면 이긴 쪽도 최소한의 피해를 입기 때문이다.

손자병법에 나오는 '지피지기면 백전불퇴' 란 말이 있다. 이 뜻은 상대를 알고 나를 알면 전쟁에서 백번 싸워도 지지 않는다는 말이다. 전쟁을 하기 전 승률 계산법에서 나온 말이다. 상대를 비교 분석하여 장단점을 파악한 후 대응책을 세워야 한다. 가장 범하기 쉬운 것이 아전인수 격의 이기적 사고방식이다. 인간은 이기적인 생리적 본능을 타고 난 탓에 그러한 과오를 저지르기 마련이다. 상대방과 처지를 바꿔서 생각해 보라는 말이다.

따라서 상대방과 처지를 바꿔서 생각을, 곧 역지사지하는 마음을 가져야 한다. 상사는 부하의 처지를, 부하는 상사의 입장을, 남편은 아내의 처지를, 아내는 남편의 처지를 생각해 보라는 뜻이다. 말은 쉽지만 그리 어려운 일은 결코 아니다.

사람이 살아가면서 직접적이고 즉흥적인 대응은 가능한 자제하여야 한다. 중국의 외교 전술이나 무역, 경제활동 등에서 자주 사용되는 '우회의 전술' 을 들 수 있다. 왜냐하면 상대방에게 반발과 분노를 살 수 있기 때문이다. 다양한 비유와 암시 등을 통하여 상대방이 스스로 알아차리게 하는 것이 설득의 가장 중요한 방법이다.

'우직지계' 란 말을 들어 보았는가, 역시 손자병법에 나오는 말이다. '우' 는 우회한다는 의미이고, '직' 은 직선거리로 간다는 뜻이다. 당연히 우회하는 것이 직선으로 가는 것보다는 멀다. 그러나 사노라면 우회하는 것이 직선으로 가는 것보다 목적지에 빨리 도달할 수도 있다는 말이 '우직지계' 에 숨겨진 의미이다.

전쟁을 하기에 앞서 적보다 유리한 조건을 차지하기 위해서는 전쟁터에 먼저 도착하는 것이 전쟁에서 승리할 수 있는 유일한 길이다. 병력을 직선으로 이동하면 적군으로부터 노출되어 전략이 사전에 알려지기 때문이다.

손자병법의 기본적인 사고 중의 하나인 일보후퇴란 말이 있다. 일보후퇴는 일보전진을 위한 양보요, 미덕이다. 인간관계에서 범하기 쉬운 과오가 상대의 주장과 공격에 즉각적이고 공격적으로 반응하는 태도다. 한 발 물러서서 현재의 상황을 객관적으로 바라볼 수 있어야 한다. 상대의 입장에서도 생각하는 것은 나와 관련된 관계의 측면도 고려해 봐야 한다. 현대는 권력이 한 곳으로 집중된 시대는 아니다. 무엇보다도 다양성을 토대로 권력이 분산되어 있는 것처럼 관계도 다양성의 사고를 가지고 수행해야 한다.

무엇보다 손자병법에서 가장 현대인에게 주는 교훈은 '곡선사고'이다. 권총은 직선으로 단거리를 날아가지만 미사일은 곡선으로 더 멀리 날아간다. 곡선적인 비유법이 상대의 자존심이나 기분을 상하게 하지 않고 나의 주장을 관철시킬 수 있는 하나의 방법이 될 수 있다.

춘추전국시대 초나라 장왕은 임금에 즉위하자마자 신하들을 모아놓고 "누구든지 나의 행동에 대하여 간섭하거나 말하는 자는 극형으로 다스릴 것이다."고 엄명을 내렸다.

그날 이후 밤잠을 가리지 않고 주색잡기로 3년을 보냈다. 3년이 지난 어느 날 오거가 장왕을 알현하고 "여기 새 한 마리가 있는데 이 새는 3년 동안 울지도 않고 날을 생각도 하지 않는데 이 새는 무슨 새겠습니까?"라고 물었다.

그것은 왕이 3년 동안 국정에 관심이 없고 주색에만 정신이 팔려 있음을 질타하는 곡선사고를 표현한 일화다. 장왕은 오거의 뜻을 알고 받아들여 그때부터 국정에 힘썼다고 한다.

손자병법의 원리는 상대와의 관계에서 내가 원하는 상황으로 만드는 것이다.

'곡선사고'는 인간의 항로를 발견하고 상대방을 설득하는 데서 의미를 재발견할 수 있다. 지금 당장은 후회하는 것이 먼 것처럼 느껴지지만 결국은 목적지에 빨리 도착할 수 있다. 처세술에서 상대를 설득하여 나의 주장을 관철시키는 데는 직선적인 표현보다 우회적인 접근방법이 효과적이라고 알려주는 좋은 교훈이 될 것이다.

03

고정관념을 깨면 성공이 보인다

어려운 문제에 봉착했을 때 역발상으로 풀어내면 짜릿한 맛을 느낄 수 있다. 어쩌면 이런 즐거움 때문에 연구하고 살아가는지도 모른다. 우리 일상생활에 침투한 깨뜨려야 할 고정관념이 너무나 많다. 이러한 고정관념을 한 번에 깨는 것은 실로 어려운 일이다.

고정관념에서 벗어나 사업을 혁신한 사람이 있다. 바로 제너시스 BBQ 윤홍근 회장을 들 수 있다. 윤 회장의 성공전략은 남달랐다. 소비 변화를 읽고 과감하게 뛰어들어 시너지효과를 극대화하는데 있다. 또 신규사업을 찾을 때 기존 사업영역에 얽매이지 않는다는 남다른 철학을 가지고 회사를 운영하고 있다.

BHC 인수는 역발상으로 성공한 전형적인 사례로 꼽힌다. 경쟁업체였던 BHC가 측근을 통해 인수 의사를 타진해 온 것이 계기가 되었다. 그 당시는 조류독감이 한창 유행하던 터라 경기는 물론 이곳저곳에 살기 어렵다고 아우성이 심한 때였다. 하지만 이런 제의를 거절할 수 없는 상황이었다.

그가 프랜차이즈업계를 바라보는 인식을 바꿔놓고 싶은 욕망은 세상도 감동했다. BBQ가 인수하지 않으면 다른 경쟁업체로 넘어간다는 점을 부각시키면서 역발상을 통해 가맹점 사장들을 설득시킨 것이다. BBQ가 시장 점유율을 20% 차지했기 때문에 BHC를 인수하면 30~35%로 끌어올릴 수 있는 절호의 기회였다. 결과는 적중했다.

지난 2003년에 첫 점포를 열었던 'U9(유나인)' 역시 역발상 경영전략으로 성공한 사례다. U9은 초밥, 우동 돈가스 전문 프랜차이즈로 현재 250여 개의 점포가 상황리에 영업 중이다. 이렇듯 고정관념을 깨고 의식을 역발상으로 사업을 성공한다는 것은 그리 쉬운 일은 아니다. 성공이란 문턱을 넘기까지는 많은 어려움을 이겨내야 한다.

고정관념이란 때로는 편하게 할 수도 있지만 성공을 지연시키는 장애물이 될 수 있다. 무엇보다 우리 생활 속에 만연된 꼭 깨야 할 것이 너무나 많다. 그래서 재미있는 말로 고정관념은 '고장난 생각'이고 진정한 프로는 '고정관념을 잘 극복한 사람'이라는 말이 있다.

예를 들어, 달구지 바퀴는 맨 처음 나무로 되어 있었다. 바퀴가 나무로 되어 있어서 너무 쉽게 닳아서 다시 쇠로 만들었다. 쇠로 만드니까 쿠션이 없어서 엉덩이가 너무 아팠다.

이런 점을 보완하기 위하여 쇠바퀴가 굴러가는 길바닥에 고무를 깔았더니 너무 편하고 좋았다. 문제는 그 넓고 긴 길바닥에 고무를 까는 일이 남아 있었다. 너무 많은 비용과 노동력이 소모되어 고안해 낸 것이 바로 이것이었다.

"길바닥하고 바퀴를 서로 바꾸어 보면 어떨까?"

"에이, 그건 말도 안 돼! 단단한 쇠바퀴도 차의 무게를 견디기 힘든데, 고무는 무거운 것을 올려놓기에는 너무 물렁물렁해서 적합하지 않아. 그건 절대로 불가능한 일이야."

많은 고민과 연구를 거듭해서 생각해 낸 것이 고무 속에 바람을 넣은 타이어를 개발해 낸 것이다. 순식간에 고무 길바닥과 쇠바퀴가 바뀐 것이다. 우리가 무심코 바라보는 저 딱딱한 길바닥과 고무 타이어는 그런 사연을 간직하고 있다. 모든 사람들이 절대로 불가능하다고 생각했던 것이 생각을 바꾸어 가능하게 만든 것이다.

고정관념을 깨면 스트레스도 덜 받는다. 다르게 생각하며 하는 일에 몰입하여야 한다. 남과 다르게 창조적인 사고를 하는 것, 즉 고정관념을 깼다는 사실에 주목해야 한다. 대부분 스트레스는 자신의 고정관념에서 온다. 창조적인 사고를 하기 위해서는 기존의 틀과 사고를 깰 수 있는 용기와 자신감이 필요하다.

보통 사람들은 생각지 못한 일을 전혀 다른 시각으로 보았기 때문에 사업에 성공하게 된 것이다. 현재 상황에 안주하거나 만족하지 말고 언제나 가능하다는 생각을 가져야 한다. 우리 일상생활에 침투한 깨뜨려야 할 고정관념이 생각보다 너무나 많다.

이러한 고정관념을 한 번에 깨는 것은 어려운 일이다. 지혜로운 사람은 불합리한 고정관념을 조금씩 깨는 습관을 기르면서 살아간다고 한다. 고정관념을 깨면 성공의 문이 보인다는 사실을 기억하자.

습관은 당신을 만든다. 성공적인 습관이 성공한 당신을 만든다는 흔한 말을 되새겨 보자. 당신의 습관을 만드는 것은 고정관념에서 해방하는데 있다. 성공적인 습관은 성공적인 삶을 영위하고 있는 당신을 기다릴 것이다. BBQ 윤 회장처럼 고정관념을 깨야 창의력이 생기고, 보다 더 넓은 새로운 세상을 볼 수 있을 것이다.

04

자신을 이기는 힘을 길러라

　세상에서 자신을 이기는 것보다 어려운 것이 없다. 독일의 풍자 시인 로가우는 "자기 자신과 싸우는 일이야말로 가장 어려운 싸움이며 자기 자신에게 이기는 것이야말로 가장 놀라운 승리이다."라는 말을 했다. 그래서 많은 사람들은 자기 자신과의 싸움을 두려워한다.

　하루 19시간, 1년이면 1,000켤레가 넘는 신발이 닳도록 자신과의 싸움에 도전하는 사람이 있다. '발레리나 강수진'이다. 마흔이 넘은 나이에 강철 나비로 불릴 정도로 매 순간 혼신의 힘을 다하며 오늘을 불태우며 살아가고 있다. '웃는 게 약'이라는 신조어를 만들어낼 정도의 그녀의 삶 속에는 피가 끓는 듯한 승자의 근성이 숨어 있음을 느낄 수 있다.

　잠을 자거나 공연을 위해 준비한 시간 외에는 오로지 발레 연습으로 인생을 살아가고 있다. 수석 무용수로, 세계적인 스타가 된 것은 아마도 우연이 아닌 노력이 만들어낸 필연인지도 모른다.

평소 자신을 이기는 힘과 열정을 기졌기 때문에 가능했다.

자기 자신과의 두려워하지 않는 싸움, 강수진 씨의 삶과 어록은 우리의 삶이 어렵고 힘들어도 지칠 줄 모르고 함성은 높아질 것이다.

"전 발레의 테크닉은 두 번째 문제라고 생각합니다. 가장 중요한 것은 자기 자신과의 싸움에서 지지 않는 인내심을 기르는 것이라고 생각합니다. 예술가의 길을 간다는 것, 특히 발레를 한다는 것은 날마다 죽음의 고통과 부활의 기쁨을 동시에 경험해야 하는 특별한 삶을 선택한다는 것을 의미한다고 생각해요."

그렇다면 발레리나는 어떤 강점 지능을 가지고 있을까? 8가지 지능 중에서 신체운동지능과 자기성찰지능이 뛰어난 사람이라고 말할 수 있다. 아무리 신체운동지능이 뛰어났다고 하더라도 무용에 대한 열정과 자기 자신에 대한 확신이 없어서는 절대 성공할 수 없다.

발레리나에게는 특별한 것이 있어야 한다. 타인과의 소통도 또 하나의 중요한 요소가 되고 독무가 아닌 군무를 하는 경우 동료와의 커뮤니케이션은 성공적인 공연을 위해 필수적인 요소가 되기 때문이다.

누구나 성공하기를 바란다. 성공이란 많은 사람들이 희망하는 단어이기도 하다. 하지만 노력 없이 성공을 꿈꾸고 있는 사람들이 문제다. 성공적인 삶을 살아가기 위해서는 게으름과 무력함에서 빨리 벗어나 진정한 자아 성취를 해야 한다. 자신을 바꾸려는 시도가 바로 성공의 길로 가는 첫 번째 관문이라는 사실을 명심하여야 한다.

일본인 마쓰시다 고노스케는 "한 번 넘어졌을 때 그 원인을 깨닫지 못하면 일곱 번 넘어져도 마찬가지다."라는 말을 했다. 실패를 두려워하기보다는 진지하지 못한 태도를 두려워해야 한다는 말이다.

진지하지 못한 태도란 어찌 보면 열정을 상실한 인간의 전형이라고 말할 수 있다. 성공과 열정의 관계에 대하여 윈스턴 처칠은 "성공이란 연속되는 실패에도 불구하고, 열정을 잃지 않는 능력이다."라고 했다.

성공적인 인생을 살아가려면 무엇보다 자신의 내면에 잠재되어 있는 '열정'과 자신을 이길 수 있는 힘, '극기'가 필요하다. 이 두 가지 요소는 사람이 살아가는데 부정적인 모든 요소를 없애버리고 성공으로 이끄는 또 하나의 강한 에너지를 발생시킬 것이다.

우리 교육현장에는 불타는 열정을 가지고 학생들을 지도하는 사람들이 생각보다 많다. 지난해 9월 캐나다 캘거리에서 열린 국제기능올림픽대회 조적분야(벽돌쌓기)에 영예의 금메달을 딸 수 있도록 학생 기술지도에 열정을 아끼지 않은 용산공업고등학교 구만호 교사를 들 수 있다.

그는 시각장애 1급 장애인이다. 하지만 정상인보다 남다른 열정을 가지고 오늘도 학생들을 지도하고 있다. 벽돌을 쌓는 조적분야는 1mm의 오차도 허용하지 않는 분야인데도 세계 금메달리스트(이태진 군, 용산공고 졸)를 탄생시킨 인물이기도 하다. 그는 "시력은 잃어가고 있지만, 아이들 향한 열정까지 잃을 순 없죠."라는 말을 남길 정도로 남다른 열정과 제자 사랑은 오늘도 불타오르고 있다.

구 교사의 병명은 망막세포가 퇴행하는 '망막세포변성증'이다. 지금으로부터 15년 전, 대학원 논문 마무리와 함께 문제집 진행 등 활발하게 활동을 하던 중 갑자기 발병한 것이다. 하늘도 세상도 구 교사의 열정에 감동했다.

눈이 멀어가는 충격에 한때 교직을 떠날 생각도 했지만, 구 교사는 다양한 시력 보조장치를 이용해 학교에서 수업이나 실습을 거뜬히 지도하고 있다. 그는 항상 밝은 표정으로 웃음을 놓지 않는다고 한다. 그의 무릎에 남은 깊은 상처와 꿰맨 수술자국이 그의 지난날의 아픔을 고스란히 보여주는 데 부족함이 없다.

"주인 잘못 만난 무릎이 고생이죠, 앞이 잘 안 보이는 무릎이 성할 날이 없어요. 그러고 보니 이마도 만만치 않네요. 투명한 유리를 못 보고 지나가다 부딪히는 날이 많은데 이젠 꾀가 생겨서 항상 손을 먼저 내밀고 걸어 다닙니다."

누구든지 쉽게 마음을 먹고 결심을 한다. 그러나 행동으로 옮기고 실천하기란 어려운 일이다. 새로운 변화는 많은 시간과 노력을 통하여 이루어진다. 대부분 사람들의 습관은 보통 3주 이상이 되어야 몸에 익숙하게 된다. 처음에는 새로운 변화에 적응하려고 몸부림치기도 하고, 시행착오와 많은 시련을 겪으면서 새로운 모습으로 성장할 것이다.

이러한 과정을 통하여 새로운 경험을 맛보게 되고, 자신감과 자부심도 덤으로 얻을 수 있다. 좋은 습관을 기르는 또 다른 비법은 이렇게 성공한 좋은 습관을 통해 또 다른 습관을 정복하는 것이다. 설령 실패했다고 포기하는 것은 정말 위험한 일이다. 이럴 때일수록 인내와 용기를 가지는 노력이 필요하다.

인생에서 아무리 절망적인 상황이 닥치더라도 절대 포기하지 말라. 자신만 잘 이기고 견디기만 하면 된다. 인고의 과정을 겪어내며 내공을 쌓아간다면 반드시 상황을 반전시킬 수 있는 기회가 돌아올 것이다.

05 남보다 다르게 생각하고 행동하라

사람들은 흔히 '미래는 예측할 수 없다'는 말을 한다. 바꾸어 말하면 앞날을 예측할 수 없다는 것은 기회가 있다는 말로 해석된다. 아무도 시도하지 않았던 일을 자신만의 독특한 방식으로 추진할 수 있는 가능성이 가득찬 시대가 된 셈이다. 그래서 많은 학자들은 미래를 희망의 시대라고 부른다.

미래를 예측할 수 없기 때문에 남들이 경험한 성공 체험 같은 것을 답습해서는 절대 성공할 수 없다. 미래의 시대는 남들이 개척하지 않은 새로운 발상, 남다른 아이디어가 정말로 필요한 것이다. 이러한 아이디어를 창출하기 위해서는 남보다 다르게 생각하고 행동해야 생존경쟁에서 살아남을 수 있다.

실용지능과 생존경쟁이라는 말에 귀를 기울여 보자. 이름 있는 대학을 나왔다고 좋은 직장에 들어가는 것은 절대 아니다. 실제적인 이야기이지만, 어느 중년의 남자가 두 명의 아들을 두었다. 큰아들은 서울에서 남들이 좋다고 하는 대학을 졸업하여 고시공부를 시작하여 몇 년 동안 합격을 못하여 동생으로부터 용돈을 받아쓰고 있는 실정이다.

그러나 동생은 지방 방송관련 전문대학을 졸업하여 서울 유명 방송국에 취직하여 4년제 대학에 편입하여 낮에는 직장에서 일하고, 저녁에는 야간대학에 다니고 있다. 큰아들은 그 집안의 기둥이요, 또 집안의 유일한 희망이기도 했다. 그러나 많은 시간이 흐른 지금은 상황이 180도 달라졌다. 큰아들은 지금도 고시촌에서 책과 함께 외로운 하루를 보내고 있지만 동생은 탄탄가도를 달리고 있다.

이는 가상적인 이야기가 아니다. 언제 어디서나 누구에게서나 일어날 수 있는 이야기다. 이쯤하면 실용지능이 얼마나 중요한지 실감할 수 있을 것이다. 실용지능이란 남과 다른 차별성에서 출발한다는 것을 알 수 있다.

실용지능 활용은 모든 영역에서 적용된다. 같은 상품이라도 잘 팔리고, 손님이 몰리는 것은 당연하다. 무언가 다른 상품과 차별화되었기 때문이다. 대학을 졸업하고 취업을 고민하던 중 특별한 직업을 찾지 못해 꽃방에서 10여 년 동안 종업원으로 일을 하다가 화훼업계에서 성공한 사업가의 열정에서 실용지능의 중요성을 한 번 더 실감할 수 있을 것이다.

특별한 계기가 잠재된 실용지능을 불러일으키는 계기가 되었다. 종업원으로 일했던 곳은 서울의 한 여자대학 주변이었다. 그가 꽃방에서 맡은 일은 주인이 만들어 준 꽃다발을 배달해 주는 것이 전부였다. 단지 생계를 연명하기 위해 어쩔 수 없이 해야만

하는 일이라고 생각했다면 한 치의 앞을 생각하지 않는 하루살이 인생밖에 못 되었을 것이다. 그러나 그는 남보다 다르게 생각하고 행동한 것이다.

꽃방을 자주 이용하는 주 고객은 여대생이었다. 여대생은 다른 손님과 달라 감수성이 예민하다는 것을 느꼈다. 그가 배달한 꽃은 너무나 싱싱한데 손님들에겐 꽃 포장이 마음에 차지 않는 눈치였다. 한두 번이 아니고 여러 번 이런 불만을 쉽게 읽을 수 있었다. 그는 '이거다' 하며 포장법을 배우기로 결심한 것이다.

새로운 포장법을 배우기 위해서 다니던 직장을 그만두어야 했다. 어렵고 힘든 나날을 보내야만 했던 것이다. 그러나 그는 꿈이라는 희망이 있었다. 직장을 그만두고 일본까지 가서 리본이며 레이스 등 손님이 쇼킹할 정도로 새로운 포장법을 개발한 것이다.

지금은 프랜차이즈 사업을 실시하여, 체인점만 150개에 이른다고 한다. 이런 성공은 우연히 이룬 것이 아니다. 남보다 다르게 생각하고, 땀으로 일구어 낸 보석과도 같은 열정 때문이다.

이것이 바로 그가 꼽은 첫 번째 성공 비결이다. 그가 '색다른 업종을 찾아 성공하려고 하기보다는 늘 곁에 있는 것을 선택하여 색다른 운영을 해 볼 것을 권한다. 그가 꽃바구니와 꽃다발이 아닌, 포장과 배달로 성공한 것처럼, 색다른 업종을 한다는 것 자체가 위험 요소를 안고 있다'고 말한다.

어려운 시기에 인생을 사는 방법이란 다름 아닌 새로운 것을 찾고 발굴하는 것이다. 내일을 개선하기 위해 인생의 쓰라린 시기에 나태해지지 않고 부지런히 정진하는 것이 그 방법이다. 노하우란 쓴 시절을 보내고 얻은 단 열매와 같다.

　세상의 모든 것이 자기 것이라고 생각하고 살아라. 회사의 종업원이라도 자신이 운영하는 사장이라고 생각하고 행동을 하여야 한다. 마치 회사의 지분을 100% 소유하고 있는 것처럼 행동하라. 책임감을 가지고 일을 하면 할수록 새로운 아이디어가 떠오를 것이다.

06

몸값을 두 배로 올려라

현대는 자유경쟁시대다. 우리는 자유와 경쟁의 두 원리가 결합하여 움직이는 시대에 살고 있는 셈이다. 자유는 모두에게 선천적으로 주어져 있으면서도 경쟁의 성패에 따라 자유의 높고 낮음이 결정된다.

자유의 높고 낮음은 자신을 잘 활용하는 데 있다. 이는 달리 말하면 지능을 제대로 활용하라는 말이다. 정체 속에 허우적거리는 것이 아니라 도전적으로 끊임없이 노력하면서 지능을 계발시키라는 말이다. 특히 실용지능은 타고나는 것이 아니라 노력에 의하여 얼마든지 계발된다. 세상에 이처럼 공평한 것이 있을까? 부하든지 가난하든지 상관없이 노력에 의해 계발되는 지능이라면 앞다투어 노력해야 할 상황이다.

우리 사회는 학력보다는 실용지능이 더 중시되어 대인관계가 좋아야 성공한다는 공감대가 형성되고 있는 만큼, 이젠 몸값은 사람이 사용하는 실용지능에 따라 결정되는 중요한 요소가 되었다.

경제적 자유는 경쟁에서 출발한다. 우리가 살아가는 세상도 약육강식의 원리가 작용하고 있다. 경쟁은 개인적으로 보면 개인의 가치 혹은 몸값을 결정짓는다고 할 수 있다. 또 경쟁이란 남과 다른 우월적 차이의 유무와 수준을 판단하는 척도가 된다.

백화점에 있는 같은 물건이라도 가격이 다르고, 같은 사무실에서 똑같은 일을 해도 매달 받는 봉급이 차이가 난다. 이러한 것은 모두 기업이나 고객에게 주는 가치가 다르기 때문이다. 즉 재화든 인적 자원이든 간에 가치의 차이가 만들어지고 기업과 개인에게는 수익의 차이가 발생시킨다는 말이기도 하다.

여기에서 말하는 가치는 자기계발을 의미한다. 한 음식점의 예를 들어 보자. 직장에서 점심시간이 되면 많은 사람들이 자주 칼국수 집을 찾는다. 같은 재료를 가지고 칼국수를 만들어도 많은 차이가 있다. 어떤 집은 줄을 서서 한동안 기다리다 식사를 하는가하면 어떤 집은 손님은 한 명도 없고 주인과 종업원뿐인 집도 있다.

줄을 서고 손님이 많은 집은 특별한 것이 있다. 다른 식당들과 차별화된 것이다. 국수에 특별한 육수의 맛을 낸다든지, 깍두기 맛이 다르다든지 무엇인가 특별함이 있기 때문에 많은 사람들이 찾는 것이다.

음식점뿐만 아니라 자신이 하고 있는 모든 분야에서 전문가가 되려면 가치, 즉 몸값의 상승을 기대할 수 있다. 전문가가 되기 위해서는 한 우물을 파야 하는 것은 물론이고 자신이 하는 분야에서 최선을 다해야 한다.

미래 사회는 무엇보다 실용지능이 중시된다. 학교 공부에서 중요하게 여기는 지식과 실생활이나 직장생활에서 중요하게 평가되는 지식이 차이가 있다는 데에 문제가 있다. 즉 학교에서 배우는 지식은 보편타당한 국민생활 기초과목을 습득하는 반면 일상생활에서 중시되는 지식은 실제 생활과 관련성이 높고 사회규범과 관련되는 특성을 가지고 있다.

첫 숟가락에 배부를 수 없는 것과 마찬가지로 처음부터 대우와 조건이 만족스럽지 않더라도 장래 희망이 보인다면 적극적으로 도전을 해야 한다. 반드시 성공한 사람에는 좌절이란 말은 필수적으로 따라오는 단어다.

인생을 살다 보면 어떤 일이라도 해야 할 상황에 닥칠 때가 있다. 인생이라는 것이 자신이 원하는 대로 쉽게 호락호락하지 않기 때문이다. 밑바닥부터 시작해야 할 때가 있다는 말이다.

장래가 케이블 TV에 근무하고 싶었던 사람 이야기다. 그는 케이블 TV에 근무하면서 프로그램 모니터링 아르바이트를 시작하면서 PD에 올랐다. 그 사람인들 포기하고 싶은 때도 있었을 것이고, 힘든 때가 없었을까. 자신의 목표와 인생관이 투철했기 때문에 성공한 것이다.

"일하면서 생각하라."

어디에서 많이 들어 본 말이다. 석봉토스트 김석봉 사장의 인생철학이 담긴 말이다. 밑바닥 인생으로 살아온 사람이라는 것을 다 알고 있다. 자동차, 정비, 조선소, 용접공, 막노동, 과일행상, 길거리 포장마차 등 수많은 수식어가 붙는다.

그는 힘든 일을 하는 내내 나태와 잠, 거짓 근성을 버리고, 생각의 발전을 위해 항상 노력한 사람이다. 그것은 그에게 생활의 전진을 가져왔고, 석봉토스트 CEO의 위치까지 오르게끔 한 것이다.

몸값을 올리는데 정석은 없다. 자기가 하고 분야에서 최선을 다하고, 성실하게 노력하는 것이 가장 좋은 방법이다. 그리고 남다르게 생각하고 행동하여야 한다. 김석봉 사장의 말처럼 일하면서 생각하자.

07
타이밍을 꽉 잡아라

인생이란 기회와 선택의 문제가 될 수 있다. 적절한 타이밍을 포착하여 좋은 기회를 잡을 것인가는 인생살이에 언제나 있는 일이다. 그래서 일상 속에서 마주치는 의사결정의 딜레마에 현명하게 대처하는 것이 성공적인 삶을 사는 첩경이다.

오늘을 살아가는 사람들은 많은 고민과 갈등 속에서 하루하루를 살아가고 있다. 현대인을 둘러싼 크고 작은 문제들에 현명하게 처신하기 위해서 타이밍이라는 단어를 끌어오는 것이 좋을 것이다.

타이밍이란 말은 중국 송대의 선종을 대표하는 벽암록에 나오는 '줄탁동시' 라는 말에서 그 어원을 찾을 수 있다. 이 말은 새가 알에서 부화할 때 새끼가 안에서 톡톡 쪼는 행위와 어미가 밖에서 탁탁 쪼는 것이 동시에 일어날 때 비로소 두꺼운 알이 깨진다는 의미에서 유래되었다고 한다.

'줄탁동시' 는 문제해결에서 타이밍이 매우 중요하다는 것을 일깨워 준다. 한번 놓치면 다시 오지 않는 기회를 붙잡는 타이밍이야말로 바라는 일을 순조롭게 진행시키는 관건이 되기 때문이다. 성공한 사람들을 보면 타이밍을 기막히게 사용한다.

어떻게 하면 타이밍을 꽉 잡을 수 있을까? 성공과 출세는 바로 타이밍에 달려 있다. 인간이 사는 사회에서는 돈보다도 인간관계라는 기술이 더 필요하다. 인간관계의 기술에서 핵심은 타이밍이다. 그것은 다르게 표현하면 적당하고 적절한 시간에 행한 행위라고 할 수 있다. 행위의 전제는 적절하고도 적당한 시간에 있다.

일본의 기업인이자 인재육성 컨설턴트인 사카모토 아쓰코도 "사람들이 흔히 타이밍은 운이라거나 타고난 감각이라고 생각하지만 실제로 그렇지 않다."며 "오히려 타이밍은 철저한 기술이다."고 잘라 말했다.

타이밍을 포착하는 기술의 첫 단추는 가치관과 비전을 가지는 일이다. 어떤 행동을 할 때 '할 수 있을까?, 없을까?' 오래도록 고민하는 것은 결국 가치관과 비전이 부족한데서 비롯된다. 이를 위해 타이밍을 적기에 포착하는 적극성과 용기가 필요하다.

무엇보다도 가치관과 비전의 정립은 인생에서 맞닥뜨리는 수많은 순간을 세워준다. 인생이란 일어서고 쓰러짐의 연속이다. 가치관과 비전의 정립은 쓰러져 있는 상황이나 환경에서도 자신을 곧게 세워주는 역할을 한다. 그것은 달리 말하면 인생에서 자신만의 타이밍을 잃지 않았다는 말이기도 하다. 곧, "나는 지금 이런 때이다. 이렇게 해야만 한다."는 자각을 주는 것이 바로 타이밍인 것이다.

자신이 선택한 타이밍에 적극적으로 행동해야 성공적인 타이밍을 만들어낼 수 있다. 칭찬할 때도 타이밍을 잘 맞히면 효과가 더 높아진다. 부하의 사기와 능력을 이끌어내는 우수한 리더는 칭찬의 타이밍을 기가 막히게 맞춘다. '칭찬은 고래도 춤추게 한다.'는 말이 있듯이 칭찬할 때 타이밍을 맞추지 못하면 하지 않은 것만 못하다.

최적의 칭찬 타이밍은 사소한 것이라도 좋은 결과가 나왔을 때 구체적으로 칭찬하고, 어떤 과정이 일단락됐을 때에는 그 과정 전체를 칭찬하면 더욱 효과적이다.

상대방의 목표를 벗어났거나 능력에 비해 낮은 목표에 만족할 때는 질책 타이밍이 필요하다. 하지만 타이밍이 어긋나면 상대방이 위축되거나 의욕을 상실할 수 있다. 따라서 질책은 상대를 잘 관찰해 타이밍을 잡아야 한다. 상대가 피곤하거나 힘들어할 때에는 피해야 한다. 무엇보다도 상대방이 받아들일 심신의 여유가 생겼을 때가 적기다.

사과할 때는 타이밍이 더 중요하다. 실수했을 때 바로 깨끗하게 사고하는 자세가 중요하다. 그 타이밍을 놓치면 상대와의 관계에 금이 갈 수 있다. 사과 타이밍은 더 이상 말할 것이 없이 즉시 행동으로 상대에게 보여주는 것이 좋다. 시간이 흐르면 흐를수록 어렵고 응어리만 남기 때문이다.

타이밍은 공연은 물론이고 운동경기를 관람할 때도 예외가 될 수 없다. 가족이나 직장인들과 함께 관람할 때 박수를 칠 경우가 종종 있다. 이때 박수 타이밍을 잘못 잡으면 많은 사람들로부터 비난을 사기도 하고 교양 없는 사람으로 취급받을 수 있다. 박수 타이밍을 어떻게 꽉 잡아야 하나가 관건이다.

관현악 공연의 경우 관례적인 박수 타이밍이 있다. 한 곡이 완전히 끝났을 때 치는 것이 원칙이다. 일반적으로 교향곡은 4악장, 협주곡은 3악장으로 구성되는데 악장 간에는 박수를 치지 않고 곡이 완전히 끝났을 때 치는 것이 일반적이다.

하지만 박수의 의미가 연주 시작 환영과 끝났을 때의 고마움인 만큼 악장 사이라도 연주가가 무대에 들어서거나 나간다면 박수를 치는 것이 관람 매너라는 것이 공연전문가의 설명이다. 무엇보다 박수를 통한 관객의 감동을 불러 일으키는 것이 중요하다는 사실이다.

이 세상에 노력 없이 그냥 얻어지는 것은 하나도 없다. 인간관계란 노력에서 얻어지는 값진 열매와 같다. 매사에 타이밍보다 중요한 것이 없다. 오로지 철저히 자신을 훈련하여 타인의 필요에 반응하는 타이밍의 기술을 터득하라. 그러면 타이밍의 기술은 자신의 감각이었던 것처럼 익숙해져서 몸에 밸 것이다. 이제 타이밍을 잘 포착한 당신은 어느 누구보다도 지혜로운 삶을 살아갈 수 있을 것이다.

08
두뇌가 좋아하는 일을 하라

얼마든지 두뇌를 발달시킬 수 있다. 컴퓨터 게임에 대한 찬반이 팽팽한 가운데 퍼즐게임이 아이들 두뇌계발에 도움이 된다는 연구결과가 나와서 이에 대한 의견이 엇갈리고 있다. 실제로 퍼즐을 즐기면 논리적 사고능력을 높여주는 데 큰 효과가 있다.

수학을 잘하는 사람들 중에는 퍼즐을 좋아하는 사람이 많다. 퍼즐이나 블록게임 같은 어지럽게 널려져 있는 것들을 정렬하기 위해서는 수리적이고 논리적인 능력이 있어야 시행착오를 줄일 수 있다. 또 퍼즐을 좋아하는 사람들은 어려운 문제에 봉착했을 때 쉽게 포기하지 않고 잘 이겨내는 것도 이러한 시행착오를 이겨낸 문제해결능력 덕분이다.

퍼즐게임에 대한 연구를 하여 널리 알려진 사람도 있다. '나눌수록 커지는 에너지의 법칙'을 발견하여 화제를 일으킨 두 형제가 있다. 이 들은 고등학교 시절 영어 실력을 쌓기 위해 미국으로 2년간 유학을 다녀온 경험을 가지고 있는 공부벌레 아닌 팔방미

인으로 통한다.

지금은 미국 일리노이주립대학에서 공부도 하며 퍼즐게임에 누구보다 관심이 많은 학생이다. 민족사관학교하면, 대부분 공부벌레가 다니는 학교로 생각하는데 실제로 그렇지 않다. 다양한 특별활동을 하는 것은 물론이고, 농구부와 밴드부, 봉사활동을 하고 틈이 나면 자기가 좋아하는 다양한 활동을 하는 학교다.

그 형제의 말이다. "그림 퍼즐도 좋아하지만 수학 퍼즐게임이나 이야기로 푸는 수학문제도 재미있게 풀었어요. 알쏭달쏭 난센스 퀴즈를 내고 답을 맞히는 놀이도 많이 했고요, 사고력을 필요로 하는 문제 상황에 부딪혔을 때 엉뚱한 상상력을 발휘하며 논게 도움이 많이 돼요."

어릴 적부터 꾸준하게 퍼즐놀이를 한 아이들은 우뇌와 좌뇌의 발달을 동시에 촉진시키는 역할을 한다. 사람의 좌뇌가 발달하면 할수록 언어 구사능력이 발달된다. 또 문자나 숫자, 기호에 대한 분석력과 논리력 같은 합리적인 능력이 뛰어나게 된다.

우뇌는 음악을 듣거나 그림을 보거나 어떤 이미지를 떠올리는 기능을 가지고 있다. 또 인간의 감정발산이나 창조적인 새로운 사실을 발견하는 기능도 가지고 있다. 이러한 두뇌의 반복적인 운동은 학습자로 하여금 학습의욕을 향상시키고 자기주도적인 학습을 촉진시키는 역할을 한다.

사람이 살아가면서 자기가 좋아하는 일만 하고 살 수는 없다. 그러나 좋아하는 일을 하다 보면 열정이 생기기 마련이다. 또 좋아하는 일을 하면 할수록 자신도 모르게 몸에서 엔도르핀이 나오게 된다.

퍼즐게임이라고 해서 단순히 나쁘다고 단정짓는 것은 바람직하지 않다. 자신이 좋아하는 일을 하다 보면 성취의욕이 생기고 자신도 모르게 흥미가 유발되기 마련이다.

도파민은 주로 A-10이라는 신경 섬유의 말단부에서 분비되는 대표적인 쾌감 물질이다. 인간의 본능이나 감정, 호르몬 기능을 조절하며 특히 흥미있는 것을 좋아한다. 이 물질이 활발하게 분비되면 집중력이 높아져 하는 일에 자신감을 갖게 된다.

교육인적자원부와 한국직업능력개발원에서 직업 만족도 조사를 하였는데 아주 좋은 결과가 나왔다. 공교롭게도 의사와 모델이 만족도가 가장 낮게 나왔다. 반대로 사진작가, 항공기 조종사, 작곡가는 만족도가 높게 나타났다. 상대적으로 일에 매이지 않고 자유로운 직업이 만족도가 높다는 것을 알 수 있다.

이번 조사에서 직업 만족도 꼴찌로 나온 의사와 모델의 공통점은 똑같다. 우선 틀에 꽉 짜인 생활을 해야 하는 직업이다. 자기가 더 나은 방법을 알고 있으면서도 자기 판단보다는 누군가가 만든 틀에 따라야 하기 때문에 자유가 없다. 우리 몸은 자기가 좋아하는 일을 해야 창의성이 솟구치고 집중력도 높아진다.

자기가 좋아하는 일을 하면 자신도 모르게 두뇌가 발달한다. 직장에서 돌아온 영수 아빠는 아들에게 농담섞인 말로 이렇게 말했다. "영수야, 아무것도 하지 않는 것보다 컴퓨터 게임이라도 하면 두뇌계발에 도움이 된단다. 놀지 말고 무엇이든 열심히 하거라."

두뇌가 좋아하는 일을 많이 하라. '재미'와 '두뇌계발'을 동시에 잡을 수 있는 것이 바로 퍼즐게임이다. 결코 의도적으로 하지 말라. 재미 자체로 접근하고 쭉 흥미를 가지고 일관하라. 이런 행동은 당신의 두뇌를 명석하게 만들어 줄 것이다.

09
영향력 있는 사람이 되어라

현대인에게 건강 못지않게 중요한 것은 명예다. 명예는 자신이 사람들에게 어떤 영향을 미치는가를 의미하는 것으로 지식인들은 명예를 황금보다 더 중요하게 여긴다. 돈을 얻었다면 명예를 얻으려 하고, 명예를 얻었다면 권력을 얻으려고 하는 것이 요즘 사람들의 성미일 것이다.

뭐라고 해도 영향력이 있는 사람은 무엇인가 다르다. 영향력이 있는 사람 주변에는 많은 사람들이 모인다. 평범한 사람보다 인맥관리 방법이라든가, 성공의 노하우가 다르기 때문이다.

영향력이 있는 사람이 되기 위해서는 사람을 끌 수 있는 힘, 즉 매력이 있어야 한다. 매력은 마력이라고 바꿔 쓸 수 있을 정도로 필요한 요소가 된다. 어떤 마술과 같은 힘이야말로 영향력의 첫 단추일 테니까 말이다. 매력은 인간관계를 승화시켜 줄 뿐만 아니라 인생을 살아가면서 어느 것과도 바꿀 수 없는 중요한 자산이 된다. 매력은 또 하나의 영향력을 키우는 힘이 될 것이다.

주변 사람들로부터 영향력이 있는 사람이 되기 위해서는 더 많은 노력이 필요하다. 내편으로 만들었다면 일단 영향력 있는 사람으로 매김했다고 할 수 있다. 여기에 멈추지 않고 인맥을 확장하여야 한다. 인맥에는 '배중의 법칙' 이 적용된다. 1명과 관계를 맺으면 2명이 아니면 그 이상의 사람들과의 관계를 맺게 되어 어느 순간에는 폭발적인 관계망을 유지하는 법칙을 말한다.

어떻게 하면 상대방을 내편으로 만들 수 있나? 영향력이 있는 사람이 되려면 어떻게 해야 할까? 정답은 생각보다 간단하다. 영향력이 있는 사람을 찾는 것이다. 대인관계를 좋게 한다고 아무나 사귀어선 전혀 도움이 되지 않는다. 다방면의 사람과 만나서 인맥을 형성하는 것이 더 효과적인 방법이 될 수 있다.

엘빈 토플러도 다양한 환경에서 성장한 친구를 사귈 것을 강조하였다. 인맥은 본인의 관점에 따라야겠지만 그러더라도 자신의 좁은 시야에서 벗어나 다방면의 사람들과 사귀는 것이 손해 볼 일은 아니다.

'삼고초려' 라는 고사 성어를 생각해 보자. 삼국시대, 촉한의 유비는 난양에 은거하고 있던 제갈량의 초옥으로 세 번이나 찾아갔다. 그는 제갈량이나 둘도 없는 동지를 두었다. 유비는 제갈량을 제 편으로 만든 것이 된다. 유비는 당대에 영향력이라면 1위였을 제갈량을 통해 영향력 있는 사람이 된 것이다.

왜 제갈량은 유비를 받아들였을까? 이는 유비가 보여준 모습에서 암시를 얻을 수 있다. 유비는 제갈량을 내편으로 만들기 위해서 많은 노력과 끈기, 그리고 인품과 인간적 매력을 보였다. 이러한 노력은 영향력 있는 사람이 되고자 하는 사람이 갖고 있어야 할 공통적인 자산이다. 복잡하게 생각할 필요가 없이 상대방을 존중하고 공감할 줄 아는 능력이 상대방을 내편으로 만들기 위한 방법이다.

본인이 알고 있는 사람은 지식이나 모든 것이 한정되어 있지만, 영향력이 있는 사람은 평범한 사람보다 인맥관리 방법이라든가, 성공의 노하우가 다르다. 이렇게 보면 인맥은 자신과 동등하거나 영향력이 있는 사람을 향하고 있다. 유비가 왜 제갈량을 제편으로 만들려고 했을까. 그는 영향력이 있는 사람으로서 그의 전략은 백전백승을 가져올 거라고 믿었기 때문이다.

동일한 취미를 갖고 있거나 뜻이 같은 사람들이 모이는 동우회 등을 통하여 색다른 사람들과 만나는 것도 인간관계를 넓힐 수 있는 최적의 공간이 된다. 미래 사회는 능력만으로 원만한 대인 관계를 형성할 수 없다. 그의 내면과 외면에서 풍기는 인간적인 매력이 있어야 한다. 능력은 일의 성취와 관련되지만 매력은 일의 진전을 의미한다.

영향력과 매력 모두 있다면 좋겠지만 둘 중의 어느 하나라면 영향력은 성공의 길로 가는 필수적인 요소가 된다. 또한 영향력은 능력을 포괄하는 것이니 만큼 영향력 있는 사람이라면 능력 있는 사람일 가능성이 높다. 그리고 폭넓게 인맥을 형성하는 사람들의 공통점은 어느 누구와도 친구가 될 수 있는 좋은 성격의 소유자임을 알 수 있다. 훌륭한 성격은 바로 폭넓은 인맥을 형성하는데 기초가 될 것이다.

제2부

참신한 아이디어로 실용지능을 넓히는 기법

01
오감을 활용하여 기억하라

누구나 5가지 감각기능을 가지고 태어난다. 시각, 청각, 후각, 미각, 촉각을 흔히 5감이라고 한다. 기억을 할 때 무조건 외우는 것보다는 맛을 본다든지, 만져 본다든지, 소리를 들어 본다든지 감각기관의 기능을 활용하여 외우면 더 오래 기억된다. 또 쉽게 잊어버리지 않는다. 5가지 감각을 활용한다 하여 이를 '오감기억법' 이라고 부른다.

어떤 학생은 영어단어를 암기할 때 연습장에다 열심히 쓰면서 암기하는데 이것보다도 눈으로 보면서 입으로는 단어를 발음하고 머리로는 영어단어의 형상을 상상하면서 기억하면 더 오래 기억된다. 어학과목이 아니더라도 카세트 테이프를 이용하여 암기할 내용을 자신이 읽어서 녹음한 후 이것을 반복적으로 들어도 기억을 하는데 큰 도움이 된다.

냄새를 통해 과거의 일을 기억해내는 방법도 있다. 프랑스 작가 M. 프루스트의 대하소설 『잃어버린 시간을 찾아서』에서 유래되었다. 이 작품에서 주인공 마르셀은 홍차에 적신 과자 마들렌의 냄새를 맡고 어린 시절을 회상한다. 작가의 이름을 따서 '프루스트현상' 이라고 부른다.

이 현상은 2001년 필라델피아에 있는 미국 모넬화학감각센터의 헤르츠 박사팀에 의해 입증되었다. 연구팀은 사람들에게 사진과 특정한 냄새를 함께 제시한 뒤, 나중에는 사진을 빼고 냄새만 맡게 하였다.

그 결과, 냄새를 맡게 했을 때가 사진을 보았을 때보다 과거의 느낌을 훨씬 잘 기억해낸다는 사실을 밝혀냈다. 이는 흩어져 있는 감각신호 가운데 어느 하나만 건드리면 감각신호들이 일제히 반응을 일으켜 전체 기억도 되살릴 수 있다는 것을 의미한다.

기억력과 학습능력에 좋은 향이 있다. 식물로부터 추출된 향 물질은 정신을 맑게 하는데 많은 도움이 되기 때문에 미용제품, 질병 치료에 이르기까지 다양한 분야에서 활용되고 있다. 가문비나무향은 정신을 일깨워주고 마음을 진정시키는 효과가 있다.

박하향은 심장과 마음에 대한 강장효과, 정신적 피로와 우울한 마음을 달래는 데 탁월하다. 하지만 너무 진하면 정신이 멍해질 수 있으므로 주의하여야 한다. 로즈마리는 젊음을 찾아주는 향이라고 하는데 뇌세포에 활기를 주어 두뇌를 맑게 하고 기억력을 증진시킨다. 정신적 과로로 피곤할 때는 도움이 되지만 너무 진하면 불면증이 생길 우려가 있다.

가능하면 직접적인 방법을 이용하여 기억력을 향상시키는 것이 좋다. 상상력을 활용하여 암기하는 방법도 활용해 보자. 역사적인 사건들을 공부할 때는 그 당시의 역사적인 장면으로 타임머신을 타고 날아갔다가 생각하면서 머릿속에 그려보는 방법이다. 그러면 역사적인 사건이 더욱 실감나게 다가올 것이고 기억도 오래 남게 된다.

뇌는 다른 것보다 숫자를 매우 좋아한다. 숫자를 셀 때 뇌의 많은 부위가 활동하기 때문이다. 운동을 할 때나, 목욕탕에 들어갈 있을 때 숫자를 세는 훈련을 하면 뇌를 활성화시킬 수 있다. 이때 계산을 반복적으로 하면 두뇌는 더 활성화된다.

뇌는 기억하려고 할 때 더 활성화된다. 사람의 뇌는 단순히 생각을 떠올리는 것보다는 기억하려고 할 때 뇌가 본격적으로 움직이기 시작한다. 단순히 떠올리는 것이 아니라 기억하려고 시작할 때 기억이 정착된다는 말이다. 사람의 이름을 부르면 청각과 더불어 시각을 담당하는 뇌가 활성화된다. 기억하려는 의도의 시작은 기억과 관련된 뇌를 움직이게 하기 때문이다.

기억력이 좋다는 말은 장기 기억 속에 저장된 기억을 의식적으로 쉽게 끄집어 올린다는 말이다. 기억력을 증진시키기 위해서는 뇌에 기록된 정보와 연관된 체인이 많아야 한다. 연관된 체인이 많게 기억하고 있으면 이를 쉽게 끄집어낼 수 있다. 이런 때에도 오감을 이용하여 기억하면 기억력 회복에 많은 도움이 된다.

오감의 기억은 주로 우뇌를 자극하고, 우뇌가 계속 새로운 경험을 하게 만들어 준다. 주위의 소리나 향기, 색깔, 남새 등에 관심을 가지고 느껴 보는 훈련을 하면 많은 도움이 된다. 기억력을 단기간 내에 높이려고 서두르지 말고, 많은 시간을 투자하여 생활

속에서 지혜를 찾는 것이 이상적인 방법이다.

과학시간에 눈에 안 보이는 원자나 분자의 세계에 대해 배우게 될 때에도 상상력을 동원하여 눈앞에 원자와 분자들이 빙빙 돌아다니는 것을 그리면 이해하기가 훨씬 좋을 것이다.

잊어버릴 만하면 다시 기억하고 떠올려라. 사람이 학습을 한 후 일정한 시간이 지나면 학습한 내용은 대부분 망각되어 버리기 때문이다.

02

항상
플러스 발상을 하라

인간은 태어나면서 조물주로부터 아무 조건없이 물려받은 것이 하나 있다. 바로 선택권이다. 무엇을 생각할 것인가, 무엇을 말할 것인가, 어떻게 행동할 것인가를 선택하는 권리이다. 물론 사회주의 사회처럼 통제된 환경에 살고 있다면 선택은 상상도 못하는 일이다. 인간에게는 선택할 수 있는 권리가 있다. 어떻게 생각하고, 행동하느냐에 따라 인생이 달라진다.

선택할 수 있는 권리는 모든 인간에게 동등한 것이지만 결과가 동일해야 한다는 말은 아니다. 여기에서 최선의 결과를 얻기 위해서는 최선을 선택할 수 있는 플러스 발상을 해야 한다는 말로 풀이된다. 하지만 현실적으로 모든 일을 플러스 발상만 할 수 없는 것이 문제다.

잭웰치는 "전 직원의 99.9%가 평범함에 머물고 있는 것은 그들이 플러스 사고를 하지 않기 때문이다."라고 말했다. 정말 공감이 가는 말이다. 성공한 사람과 평범한 사람의 가장 큰 차이는 플러스 발상을 하느냐, 마이너스 발상을 하느냐 발상 자체가 다르다는 것이다.

모든 것을 긍정적으로 생각하고, '플러스 사고'를 해야 한다. 플러스 사고란 떠오르는 생각이나 어떤 일에 대한 해석과 행동을 항상 긍정적으로 작동하게 하는 것이다. 플러스 사고를 만드는 네 가지 기본적인 요소는 상황에 대한 자기해석, 긍정적 사고, 언어습관과 태도로 구성되어 있다.

플러스 발상을 하기 위해서는 먼저 주어진 상황을 긍정적으로 받아들여야 한다. 모든 상황을 자신에게 유리하게 해석하는 것이다. 자신이 그것에 대해 어떻게 해석하고, 선택하느냐에 따라 전혀 다른 결과물이 생성된다. 매사 긍정적인 사고를 하라는 말로 해석된다.

주어진 상황이 아무리 불리하게 보여도 반드시 해결책이 있기 마련이다. 힘들다고, 어렵다고 쉽게 포기해서는 안 된다. 한 발자국만 더 전진하라. 그리고 실패할지도 모른다는 두려움은 집중력과 자신감을 깨뜨려 자포자기를 불러올 수 있다.

어느 통계에 의하면 인간은 70~80%가 마이너스 발상을 한다고 한다. 이러한 발상이 큰 문제다. 마이너스 사고는 성공 앞에 커다란 장애물이 된다. 그러나 많은 사람들은 자신이 마이너스 발상을 한다는 사실을 모르고 살아가는 사람들이 많다. 긍정적인 사고를 하기 위해서는 의식적으로 많은 노력을 해야 한다.

병은 마음에서 생겨난다는 속담도 있다. 생각은 내 몸에 작용하는 물질로 변화되어 감정과 신체에 많은 영향을 준다. 성공의 길을 잘 달리기 위해서는 활력 넘치는 건강이 필수요소이다. 몸이 건강해야 플러스 발상할 수 있는 에너지가 만들어진다.

우리 몸은 인상을 쓰거나 기분이 나쁜 생각이나 말을 하게 되면 뇌에서는 노르아드레날린이 나온다. 이 물질이 나오게 되면 성인병과 암의 원인이 된다. 반대로 기분이 좋다고 생각하거나 말을 하게 되면 엔도르핀과 베타엔도르핀이 분비된다. 뇌에 이런 물질이 나오게 되면 우리의 뇌파는 알파파 상태가 되어 에너지를 최대화시킨다.

항상 플러스 발상을 하여야 한다. 심리학자 쿠에 박사도 "마음속으로 두 가지 생각을 할 때 병렬 상태로 존재할 수는 있지만 서로 겹쳐질 수는 없다."고 말했다. 즉, 머릿속을 '즐거운 생각'이나 '좋아하는 일'로 가득 채우고 있다면 '괴롭다는 생각'이나 '싫다는 생각'은 사라지게 된다는 의미로 해석된다.

갑자기 우뇌 중심으로 플러스 발상을 하기란 어려운 일이다. 처음에는 일어난 사건을 당연하게 받아들이고, 그런 다음에 플러스로 의미부여를 하는 식의 투 스텝으로 행하면 쉽게 플러스 발상을 할 수 있을 것이다. 뇌를 연구하는 많은 전문가들은 자신에게 나쁜 일이 생겼을 때 더욱 적극적으로 플러스 발상을 해야 한다고 주장하고 있다.

음악을 들으면 기분이 좋아지는 이유도 바로 여기에 있다. 음악을 들으면 뇌에서는 쾌감을 느끼게 하는 신경전달물질이 분비된다. 그것은 일반적으로 모노아민계의 화학물질이다. 모노아민계 중에서도 특히 세로토닌이나 도파민이 여기에서 주역이다. 그것이 뇌에 자극을 주고 흥분과 쾌감을 가져다 주기 때문이다. 당신이 음악을 듣고 기분이 좋아졌을 때, 뇌에서도 많은 모노아민계 물질이 춤을 추고 있는 것이다.

평소 플러스 발상법을 연습하자. '거울에 비친 자신에게' 혼잣말로 기분 좋게 말을 걸어 보자. 그리고 자신을 향하여 독백으로 칭찬을 들려주면 뇌도 자연스럽게 그런 기분을 갖게 되고 기분도 점점 좋아질 것이다.

03
출세하려면
창의력을 키워라

자원은 한정되어 있으나 창의력은 무한하다. 유한한 환경이나 자원을 극복할 수 있는 힘은 오르지 창의력 하나뿐이다. 창의력은 자신의 무한한 에너지를 끌어올릴 때 발현되는 것으로 이때에 참신한 아이디어가 나온다. 요즘 우리나라를 향해 세계 석학들이 하는 말을 염두에 둘 필요가 있다. "한국 사람은 창의적이지 못하다. 경쟁 속에 살고 있지만 경쟁력이 없다."는 식의 말이다.

우리는 한정된 자원을 가지고 지금의 경제성장을 이룩한 것은 무엇보다 성실과 교육의 힘이 크다. 그것은 어느 단계까지는 우리의 경제를 올려놓았지만 경쟁력이 약화된 우리의 경제와 교육은 창의력을 육성하여 경쟁력을 높일 때가 되었다. 마찬가지로 개인도 그렇다. 즉 출세하려면 경쟁력을 높여야 한다. 경쟁력은 바로 창의력과 귀결된다.

일례를 들어 보자. 요즘은 독창적인 아이디어 하나를 개발하여 세계시장을 제패한 기업이 늘고 있다. 국내 게임 개발업체인 네

오플이 개발한 '던전앤파이더'가 중국판을 출시하면서 중국 온라인 게임 1위를 차지하고 있다. 매출액도 놀랍다. 2008년 한국 게임 개발업체가 중국에서 로열티 명목으로 거둬들인 수입액이 약 3억 달러, 한국 자동차 아반떼 2만 5,000대를 수출한 액수와 맞먹는 금액이다.

게임 로열티의 순익이 매출액의 80~90%에 이른다는 점을 감안하면 게임 수출의 위력을 가늠할 수 있다. 무엇보다 더 중요한 것은 한국에서 만든 게임 제품이면 중국에서는 '보증수표'로 통한다는 것이 무엇보다 놀라운 사실이다.

창의력은 사람이 살아가는데 필요한 물질이나 재화의 수단이 되기도 하지만, 인간의 삶의 가치를 높여주는 창의적 사고가 강력한 힘이 된다. 물론 출세와 창의력을 따로 설명한다는 것은 무의미한 일이 되고 말 것이다.

그렇다면 출세와 창의력의 상관관계는 어떻게 될까? 출세가 창의력을 낳는 것이 아니라 창의력이 출세를 낳는 것이다. 결론적으로 말하면 창의력은 경쟁력이요, 바로 출세의 힘이 되는 원동력이 된다. 다른 말로 표현한다면 출세의 근간은 남과 다른 어떤 차별성이라고 말할 수 있다. 우리는 흔히 다른 것과 견줄 수 없을 정도로 뛰어난 성질을 독특성이라고 한다. 그것을 구분하는 원동력은 역시 창의력이다.

창의력을 키우기 위해서는 먼저 고정관념에서 벗어나야 한다. 어떤 문제를 해결할 때 근본적인 시각으로만 문제를 풀려고 하면 안 되기 때문이다. 고정관념에서 벗어나 새로운 사고방식으로의 도전은 자신의 발전뿐 아니라 사회 발전의 원동력이 된다. 고정관념에 도전함으로써 행운을 얻을 수 있는 기회를 갖는 것이 매우 중요하다.

창의력을 기르는 노력은 험난한 과정이다. 하지만 하나를 얻기 위해 많은 고통과 인내를 가지고 노력을 해야 한다. 기존의 틀에서 벗어나서 과감하게 고정관념에서 벗어나야 한다.

우리는 주변의 사례를 통해서 창의력이 출세를 낳는 것을 볼 수 있다. 매우 뻔한 일이지만, 누구도 생각하지 못했던 발명품을 떠올려 보라. 조직에서도 그렇다. 이전을 답습하는 데 그친다면 출세는 요원한 일이 된다. 한마디로 창의력은 고정관념을 버리고 낯설게 생각하고, 학습하고, 창의적인 사고를 꾸준히 실천하는 데 있다. 실천이란 제작, 메모, 토론 등의 수단으로 나타난다.

조직의 예를 들어 보면 알 수 있다. 창의력을 육성하기 위한 기법으로 브레인스토밍의 변형인 브레인라이팅을 실천할 수 있다. 이는 브레인스토밍과 마찬가지로 문제해결을 위한 아이디어를 참가자들이 자유분방하게 참여하는 것이다. 2명 이상의 사람이 모여 말을 하지 않고, 종이에 자신의 생각을 쓰고 그것을 다른 사람과 교환하여 검토한 후 다시 쓰는 방법이다. 남 앞에서 발언하기를 꺼려하는 사람에게는 아주 좋은 방법이 될 수 있다. 또 각자 침묵 속에서 진행하기 때문에 개인의 생각을 적극 반영할 수 있는 장점이 있다.

이처럼 창의력은 인위적인 노력을 통해서도 이루어질 수 있다. 다만 창의적인 사고는 하루아침에 이루어지지 않는다. 오랫동안

노력과 경험을 통해서만 만들어진다. 99%의 영감과 1%의 노력만
으로 주어지는 것은 보통 사람들에게는 소원한 일이다.

　당신은 이 세상에 출세한 사람으로 살고 싶은가? 그러면 지금부
터라도 창의력을 맘껏 발휘하라. 그리고 그 창의력으로 하여금
재산적 가치를 고양하도록 하라. 곧 창의력이 출세의 입문이라는
것을 알 수 있을 것이다.

04
아침을 활기차게 맞이하라

아침을 활기차게 맞이해야 한다는 목소리가 높아지고 있다. 아침을 상쾌하게 맞이하면 하루가 즐거워지기 때문이다. 입시 준비를 하는 학생이거나 늦은 밤까지 회사에서 잔업을 처리하는 회사원이라면 아침을 활기차게 맞이하는 것은 그리 쉬운 일은 아니다. 하지만 결코 어려운 일도 아니다. 마음먹기 달려 있다.

아침 시간을 활기 있게 이용하려는 사람이 늘고 있다. 틈새시간이라고도 불리는 아침을 어떻게 맞이하느냐에 따라 하루가 꽉 찼는지, 빈 구석만 많은 하루였는지가 결정된다. 아침은 하루 중 가장 능률이 높은 시간이면서도 주위 환경이 조용하고 아무에게도 방해받지 않는 시간이다. 어느 시간보다도 집중력을 높이면서 활기찬 시간을 보낼 수 있는 장점이 있다.

미국 건강잡지 '프리벤션 매거진' 온라인판은 아침을 활기차게 맞이하기 위하여 아침 잠자리에서 할 수 있는 방법을 제시했다. 그중에서 몇 가지를 소개하면, 첫째로, 알람시계 '일시멈춤'

버튼을 누르지 말아야 한다고 충고하고 있다. '졸면 지는 것이다.' 라는 속담이 있다. 알람시계의 스누즈 기능을 설정해 놓으면 몇 분 뒤에 다시 알람이 울릴 것을 우리의 뇌에 전달하게 된다. 더 깊게 잠을 잘 수 없게 된다. 이는 더 편안한 상태를 빼앗긴다는 의미이다.

그렇게 되면 알람이 처음 울렸을 때 한 번에 일어나는 것보다 더 피곤한 상태가 된다. 미국 필라델피아 어린이병원 수면장애센터 조디 민델 박사는 "잠은 방해받지 말아야 잠에서 깼을 때 더 가뿐하다."며 "진짜 일어나는 시간에 알람을 맞추라."고 조언했다.

따끈한 샤워도 뇌를 활성화시킨다. 일어나자마자 햇빛 샤워를 하라. 눈으로 들어온 빛은 뇌 속 세로토닌 신경을 흥분시킨다. 또 송과체에선 멜라토닌 분비가 줄어들면서 서서히 잠에서 깬다. 일어난 후 5~10분 정도 햇빛을 계속 쐬면 확실히 머릿속이 상쾌함을 느낄 수 있을 것이다. 아침 해는 체내 시계를 다시 재조정하는 효과가 있다. 사람의 생체리듬은 대체로 25시간 주기로 돼 있는데 이를 24시간 주기로 수정해 준다.

복식호흡을 하고 나면 기분이 좋아진다. 5분 이상 지속되면 세로토닌이 늘어나고, 신진대사가 활발해지면서 뇌 혈류량도 증가하게 된다. 숨을 내쉴 때 배에 힘을 줘 복근을 조이듯 끝까지 내뱉는 것이 좋은 방법이다. 공기가 저절로 들어오듯 들이마시면 마음이 편안해진다. 5분 이상 반복하면 효과적이다.

다음으로 즐거운 것을 상상하라. 아침에 일어나면 잠시 눈을 감고 에너지가 넘치는 자신의 모습을 그려 보는 것이 좋다. 미국 펜

실베이니아주립대 행동심리학자인 다나 라이트만 박사는 "활기찬 활동을 상상하면 뇌에서는 실제로 그런 경험을 할 때와 똑같은 부분에서 활동이 일어나게 된다."며 하루를 긍정적으로 생각하는 것이 자신에게 활력을 불어넣어 준다고 설명했다.

거울을 보면서 얼굴을 문질러라. 얼굴을 마사지하면 혈액순환이 좋아져 잠에서 바로 깰 수 있다. 이마에서 시작해 볼까지 부드럽게 문지르고 손가락 끝으로 살짝 두드려 주면 된다. 속도나 강도, 위치를 조절해 가며 얼굴 전체를 문지른다. 건강한 얼굴빛은 인생을 살아가면서 얻는 덤이다.

아침형 인간이 늘어가고 있다. 아침 시간은 어느 시간보다 두뇌활동이 가장 활발해져 집중력과 판단력이 높은 시간이다. 뇌세포 활성화는 물론 이른 아침의 1시간은 낮의 3시간과 거의 맞먹는 시간이다. 시간은 곧 경쟁력이 된 셈이다. 그래서 아침형 인간이 날로 늘어가고 있는 이유를 반증하고 있다.

CEO들의 대다수는 아침형 인간형이다. '월간중앙' 이 대기업 70명의 CEO 가운데 67명이 "나는 아침형 인간" 이라고 대답했다. 응답자의 95.7%가 아침형 인간이다. 대기업의 CEO나 리더가 되기 위해서는 '저녁형 인간' 보다는 '아침형 인간' 이 되어야 한다는 것이 이번 조사결과의 핵심이다.

어느 누구에게나 반드시 아침은 찾아온다. 그러나 똑같이 주어진 아침시간을 어떻게 맞이했느냐에 따라 인생이 달라질 것이다. 아침시간 활용은 성공과 출세에 귀결된다. 지금부터라도 아침시간을 활기차게 맞이하는 노력을 하자.

05

하루 24시간 모두 활용하라

시간은 누구에게나 공평하게 주어진다. 그러나 똑같이 주어진 시간을 소모했으면서도 꿈을 이룬 사람과 그렇지 못한 사람이 있다. 그 차이는 바로 시간을 어떻게 관리하고 사용했느냐에 따라 달라진다. 시간이 곧 경쟁력이 된 셈이다.

모든 사람이 똑같이 하루 24시간을 쓰고 있다. 그 똑같은 24시간을 갖고도 많은 사람들이 그들만의 '성공신화'을 만들어 가고 있는 사람이 있는가 하면, 어떤 사람은 바쁘다는 변명으로 일생을 살아가는 사람들도 있다. 정말 불행한 일이다.

그렇다면 문제는 '시간을 어떻게 활용하느냐'에 달려 있다. 삼원정공이라는 작은 기업에서 시테크와 같은 개념인 '초관리경영'으로 성공신화를 이루었다. 기업경영에 반드시 필요한 원가절감과 생산성 향상, 혁신에 성공한 사례로 손꼽히고 있다.

초관리경영의 참뜻은 시간을 아끼자는 것이 아니라 시간을 채우자는 것이며 일의 질을 한 차원 높이자는 의미를 내포하고 있다. '시간은 돈이다' 라는 지극히 현실적인 생각을 바탕으로 시간을 질적으로 활용하자는 것이며, 기업 차원에서의 궁극적인 목적은 원가절감에 있다.

기업 운영방식도 독특했다. 공장장이란 직책이 없다. 사원 공장장제도를 도입한 것이다. 일반사원이 일주일간 공장장의 직책을 맡고 회사의 문제점과 개선점을 찾아내고 해결하는 막중한 임무를 갖게 된다. 월요일에는 전 회사원이 모인 자리에서 다음 공장장을 지명한다. 월 1건 이상 의무제안제도를 두어 아이디어를 발굴하고 미제안자에게는 벌금을, 제안에 채택된 사원에게는 상금을 준다.

초관리경영으로 성공한 이 회사는 스프링에 관한 기술력이나 가격 경쟁력에서 국내에서는 타의 추종을 불허하는 독보적인 존재로 자리를 잡았다. 세계의 어떤 기업하고 경쟁을 하더라도 절대 뒤지지 않는다. 작년부터 국내 판매가격보다 10% 높은 가격으로 중국이나 인도 등지로 수출을 시작하여 창업한 이후 최고의 경영실적을 기록했다.

1초의 관리란 일을 몇 시간 했느냐가 중요한 것이 아니라, 어떤 자세로 일하느냐가 중요하며 하루를 정신없이 일하자는 것이 아니라 집약적이고 효율적으로 일을 하자는 의미다. 즉 '크로노스' 시간을 줄이고 '카이로스' 시간을 늘리자는 것이다.

성공한 사람들은 시간관리의 달인이다. 세계적인 동기부여 연설가인 브라이언 트레이시는 부자와 가난한 자의 시간에 대한 인식은 전혀 다르다고 말했다. 가난하고 게으른 사람은 당장 살아가야 하는 것들에 급급하며 1년 뒤, 3년 뒤 미래를 예측하고 준비하는 일에는 관심이 없다고 한다.

반면 부자로 성공한 사람일수록 짧은 시간도 쪼개고 5년 뒤, 10년 뒤 미래를 예측하고 대비하는 능력이 탁월하다고 한다. 결국 시간에 관한 올바른 개념 정립과 함께 짧은 시간과 긴 시간을 지배하는 자가 성공한 부자가 될 확률이 높다고 볼 수 있다.

시간을 효율적으로 이용하자는 목소리가 높아지고 있다. 틈새 시간인 아침을 활용하는 사람들이 많아지고 있다. 이유는 하루 중 가장 능률이 높은 시간이면서 주위환경이 조용하고 아무에게도 방해받지 않기 때문이다.

아침시간은 어느 시간보다도 집중력을 높이면서 효율성 있는 시간을 보낼 수 있는 장점이 있다. 또 이성적인 활동에 유리하고, 저녁시간은 감성적인 활동에 더 유리하다는 말이 있다. 그래서 이성을 깨우는 아침형 인간이 날로 늘어가고 있는 것도 이런 이유 때문이다.

하루 중 오전 6~8시까지가 두뇌활동이 가장 좋아져 집중력이나 판단력이 활발한 시간이다. 뇌세포가 활성화되는 이른 아침의 1시간은 낮의 3시간과 거의 맞먹는 시간이다. 이는 아침형 인간이 날로 늘어가고 있는 이유를 반증하고 있다.

아침에 일찍 일어나기 위해서는 보다 깊은 잠을 자야 한다. 수면은 양보다 질이 문제다. 오래 자는 것보다 짧은 시간이라도 숙면을 취하는 것이 중요하다. 하루 3시간밖에 자지 않는 사람의 뇌파를 조사해 본 결과, 수면의 질은 8시간 잔 사람과 크게 다를 바없는 것으로 나타났다. 짧지만 깊은 숙면이 분산되고 긴 수면에 비해서 효율적이라는 말이다.

하루 8시간 자야 한다는 고정관념을 버려야 한다. 지나친 수면은 오히려 건강을 방해한다. 과도한 수면으로 신체 전반의 세포를 지나치게 쉬게 하는 것은 결과적으로 노화를 촉진시키는 결과가 된다. 낮 동안 충분히 소비하지 못한 채 다시 잠을 자면 에너지 과잉에 빠지는 악순환이 거듭된다. 수면시간이 짧아지면 교감신경의 활동이 활발해져 호르몬 분비가 좋아져 건강한 몸을 유지할 수 있다.

누구에게든 하루 주어진 시간은 무한하지 않다. 작은 시간부터 헛되게 사용하지 말라. 멍하게 버리는 시간이 많아지면 성공도 투자도 그만큼 멀어지기 마련이다. 우리 인생에 성공적인 목표를 달성하며 활기찬 삶, 부자로 가는 삶의 출발점은 바로 시간관리에 있음을 명심하자.

06

깊은 잠을 자는 비법을 배워라

세계적인 미인들은 특별한 방법으로 숙면을 하였다고 한다. 왜냐하면 하루 일과의 성과는 그날 잠을 잘 잤느냐, 그렇지 않았느냐에 따라 결정되기 때문이다. 예로부터 미인은 잠자리부터 평범한 사람과 달랐다.

클레오파트라는 침실에 장미 꽃잎을 깐 후 무스크향을 뿌리고 잠을 잤다고 한다. 중국의 서태후는 베개에 항상 한방약제를 넣었고, 마릴린 먼로 역시 실오라기 하나 걸치지 않은 채 샤넬 No5만을 뿌리고 잔 것으로 너무나 유명하다. 무엇보다 양질의 수면을 위해서는 신체를 따뜻하게 온도를 유지하는 것이 중요하다.

잠을 잘 이루지 못하면 성장에 방해가 된다. 잠을 자는 것은 성장과 깊은 관계가 있다. 깊은 잠을 이루기 위해서는 잠자는 시간을 잘 지켜야 한다. 정해진 시간에 잠자리에 드는 습관을 가지면 생체 리듬에 맞춰 뇌하수체에서 성장호르몬의 분비가 왕성해진다. 성장호르몬의 2/3는 밤사이에 뇌하수체에서 분비되기 때문이다.

이 호르몬이 다시 다른 내분비선을 자극하는 촉진 성분을 관리하게 되어 아이의 성장과 신체 발달에 중요한 역할을 한다. 성장호르몬은 수면의 특별한 단계에서 생산된다. 잠이 들고 1~2시간 정도 지났을 때, 그리고 밤 12시 이전에 분비되기 때문에 늦게 잠을 자면 이 호르몬의 분비가 줄어들게 된다. 성장호르몬의 분비가 줄어들고 지방 축적을 촉진하는 부신피질호르몬의 분비량이 증가하게 되어 비만 발생률이 상대적으로 높아진다.

숙면은 연애운도 키운다는 말도 있다. 수면 중에 인간의 뇌는 기억을 정리하는 작업을 계속 수행한다. 이때 마음이 무거우면 기억이 정착되므로 부정적인 생각을 많이 하게 된다. 신경을 부드럽게 부교감신경으로 변환시켜야 뒤척거리지 않고 숙면 상태에 이루게 된다. 아무리 힘든 일이 있던 날이라도 즐거운 일을 생각해내 행복에 잠겨 잠들도록 노력하는 것이 좋다.

잠은 '양' 보다는 '질' 로 승부를 하여야 한다. 보통 건강한 사람의 취침 시간은 평균 6~7시간이다. 하지만 숙면을 취할 수만 있다면 몇 시간을 잤느냐는 그리 중요하지 않다. 몸의 피로를 회복시켜 주는 성장호르몬이 수면 중에 분비되기 때문이다.

오는 잠을 억지로 참으면 오히려 역효과가 난다. 물론 지나치게 잠을 자는 것도 건강을 해친다. 전날 밤 충분한 잠을 이루지 못하면 졸음이 오기 마련이다. 이때 '토막 잠' 이라도 자면 많은 효과가 있다. 그렇다고 깊은 잠을 들어서는 안 된다.

잠자는 자세 또한 중요하다. 엄연한 습관의 일종이다. 어떤 사람은 엎드려야만 잠이 오고 또 어떤 사람은 베개를 베면 도대체 잠이 오지 않는다고도 한다. 곧 잠자는 자세가 곧 쾌면을 결정한다는 사실을 알아야 한다.

가장 중요한 것은 목과 허리다. 다시 말해서 잠자는 동안 정상적인 척추만곡이 유지되며 근육 긴장이 없어야 한다. 베개부터 살펴보자. 우리나라 사람들은 대체로 높은 베개를 베고 자는 습관을 가지고 있다. 그러나 높은 베개를 베고 자는 것은 목뼈의 자연스런 만곡을 억지로 펴는 거나 마찬가지라는 사실을 알아야 한다.

또 옆으로 누워 자는 습관을 가진 사람은 어깨 높이를 고려해 베개의 높이가 바로 누운 자세 때보다 높아야 한다. 수면 자세도 문제다. 평평한 바닥에 누우면 허리 부분이 떠 허리뼈에 무리가 가게 된다.

엎드려 자는 것은 좋지 못한 습관이다. 엎드리더라도 목은 옆으로 돌리고 자야 하는데 이때 목 관절에 상당한 무리가 가기 때문이다. 근육이 긴장되고, 인대가 늘어날 뿐만 아니라 신경이 나오는 구멍이 좁아진다. 디스크에 걸린 것과 똑같은 통증을 밤새 느끼게 되는 것이다. 또 기도가 눌려 호흡이 곤란해지므로 숙면에 들 수 없다.

잠을 잘 이루지 못하면 정서에도 많은 영향을 준다. 집중력도 떨어지고, 정서가 불안해진다. 또 세로토닌이라는 물질이 분비되지 않는다. 세로토닌은 수명이나 기억, 식욕 조절에 관여하며 사람의 몸과 정신에 활력을 불어넣어 주는 기능을 한다.

그래서 세로토닌을 행복호르몬이라고도 부른다. 이 호르몬이 부족하게 되면 우울증에 걸리기 쉽고 자극이나 통증에 민감해진다. 우울증 환자에게 세로토닌을 증가시키는 약을 처방하는 것도 이 때문이다.

우리가 살아가는 환경인 자연에는 리듬이 있다. 이 리듬을 잘 유지해야 건강한 생활을 할 수 있다. 그중에서도 우리가 분명히 느낄 수 있는 신체리듬이 바로 잠이다. 사람이 낮에 깨고 밤에 자는 것은 낮과 밤이라는 자연의 주기와 리듬에 우리 몸이 맞추어져 있다는 것을 알아야 한다.

07

호기심이 아이디어를 만든다

아이디어 발상은 호기심에서 비롯된다. 호기심을 풀어 보려고 노력하는 사람만이 참신한 아이디어를 창출할 수 있다. 1687년 영국의 뉴턴은 길을 가다가 사과나무에서 '쿵~' 하고 사과가 똑바로 떨어지는 것을 보고 '만유인력의 법칙'을 발견했다.

만약 뉴턴이 관찰력이 없었더라면, 또 평소 사물에 대한 관심이나 호기심이 없었다면 만유인력의 원리는 영원히 밝혀내지 못했을 것이다. 사과가 위로 또는 옆으로 가든지 하지 않고, 땅으로 똑바로 떨어지는 것을 이상하게 생각하고 그 이유를 밝히기 위해 깊은 생각을 가졌던 것이다.

그는 사과가 가지에서 떨어질 때, 밑으로 떨어지는 것은 어떤 힘이 그것을 땅으로 잡아당기고 있기 때문이라는 생각을 했다. 여기에서 힌트를 얻어 뉴턴은 만유인력의 법칙을 발견해내기에 이른 것이다. 또 헬레니즘 시대의 아르키메데스는 목욕탕에서 목욕을 하다가 탕 속에서 자신의 몸을 담그는 순간에 물이 넘치는 것을 보고 '부력의 원리' 를 발견한 것이다. 이 모든 것이 과학의 역사에서 볼 때 어느 유명한 발견 못지않은 위대한 발견 중의 하나이다. 이러한 것이 모두 자신의 호기심이 발동하였기 때문에 얻은 결과라는 것을 알 수 있다. 호기심이 많은 사람하면 세계적인 발명가 에디슨을 빼놓을 수 없다.

에디슨은 어릴 때부터 호기심이 많았다. 집안이 어려워 기차에서 과일과 신문을 팔면서 틈틈이 연구하여 마침내 유명한 발명왕이 되었다. 호기심은 바로 아이디어를 만드는 창고라고 해도 과언이 아니다.

호기심하면 생각나는 것이 '통조림' 의 발명을 빼놓을 수 없다. 바로 영국인 듀란드의 통조림 발명이었다. 병조림이 세상에 나온 지 10년이 지난 후인 1819년, 듀란드는 주석 깡통을 이용한 식품 밀봉용기라는 이름으로 특허를 따냈다.

이것이 174년 동안 애용되고 있는 통조림의 원조가 된 셈이다. 듀란드의 원래 직업은 주서 기술자였다. 병조림을 평소 즐겨 먹다 보니 자연히 단점을 발견할 수 있었던 것이다. 병조림을 먹을 때마다 마개와 병으로 되어 잘 깨진다는 문제점을 느끼고 있었다.

어느 추운 겨울날, 아침부터 주문받은 주석 깡통을 만들던 듀란드는 점심시간이 되자 병조림을 꺼냈다가 너무 차가워 도저히 먹을 수가 없었다. 순간 '아, 바로 이거군아!' 하고 생각을 했다. 깡통에 통조림을 쏟아 붓고 난로에 끓여 보았다. 정말 편리했다.

식사를 마치고 병과 깡통을 치우던 듀란드의 머리에 떠오른 착상이었다. 확신을 얻은 그는 즉시 특허출원을 한 뒤 깡통을 이용

해 통조림을 만들어 보았다. 정말 위생적이고 많은 소비자들로부
터 '인기짱' 이었다. 단순히 깡통을 이용해 통조림을 주무르던 이
전의 수입보다 10배가 넘는 돈이 주머니로 속속 들어왔다.

  호기심은 아이디어를 넘어 우리 생활에 편리함을 가져다 주었
다. 커피를 비롯한 각종 음료와 라면, 심지어는 전철승차권과 책
까지도 돈만 넣으면 챙겨주는 자동판매기의 탄생도 호기심에서
출발하였다.

  오래전 이야기지만 영국에서는 동전을 넣으면 움직이는 놀이가
유행하고 있었다. 그 당시 이 놀이기구는 지금의 전자오락기구
만큼이나 인기가 있었다. 이 놀이기구를 바라보는 사람들은 한결
같이 호기심뿐이었다. 하지만 자동판매기를 발명한 영국의 덴함
은 다른 사람과 달랐다.

  동전을 넣으면 일정한 시간 동안 움직이는 것은 어떤 원리일까?
그러나 덴함은 동전의 무게로 작동이 가능하도록 만들어진 기구
라는 간단한 원리에 허탈한 생각까지 들었다. 동전의 무게로 물
건이 나올 수 있도록 하는 자동판매기를 생각한 것이었다.

  아이디어는 호기심에서 나오지만 때로는 엉뚱한 생각도 좋은
아이디어를 만들어낸다. 언뜻 보면 바보 같은 짓이 뜻밖에도 멋
진 결과를 가져올 때도 있다. 천재와 바보는 종이 한 장 차이라는
말이 있듯이 바보 같은 생각이나 행동이 천재적인 아이디어와 행
동이 될 수 있다. 바보는 엉터리 같은 것도 칭찬하고, 고귀하고 훌
륭한 것도 우습게 본다면 일반적인 규칙이나 생각 또한 얼버무려
버릴 것이다.

그러나 그렇게 할 때 바보는 우리들이 갖고 있는 발명력의 샘을 자극한다. 등잔 밑이 어둡듯이 너무 쉬워서 또는 너무 가까이 답이 있어서 이를 지나칠 때 바보는 이를 지적해 주면 사실이라고 생각하는 것에 대해 다시 생각해 보도록 한다. 항상 호기심을 가지고 새로운 눈으로 모든 사물을 바라보자.

08

창의적으로
아이디어를 창출하라

　사람들은 지능이 높으면 창의성도 높다고 생각한다. 그러나 그
것은 잘못된 생각이다. 지능이 낮아도 창의성이 높을 수 있고 지
능이 높아도 창의성이 낮을 수 있다. 창의력 사고는 상상력이며
창의성에 해당된다. 창의적인 사고를 하려면 생각하는 속도도 빠
르고, 생각하는 깊이도 깊어야 한다.

　창의적 사고의 최종적인 목표는 바로 아이디어를 얻는 데 있다.
독창적인 사고는 기존의 방식이나 다른 사람들의 문제해결 방식
으로는 나올 수 없다. 기존의 생각이나 사물에서 벗어나 새로운
상황에 적용하여 생각해야 독특한 아이디어가 발현될 수 있다.

　사고력에는 두 가지가 있다. 지능은 기억된 것을 다시 떠올려
내는 일이나 문제해결능력을 말하고 수렴적 사고, 수직적 사고,
논리적 사고를 말하며, 반면에 창의성은 상상이나 문제 발견을
하며 확산적 사고, 수평적 사고, 직관적 사고를 말한다. 한마디로
창의성이란 새롭고, 적절한 일을 할 수 있는 능력을 의미한다.

길퍼드(Guilford)에 의하면 창의성은 확산적 사고와 깊은 관계가 있다. 확산적 사고는 한 문제에 대하여 여러 가지 가능성을 제시할 수 있는 능력이다. 창의력은 기본적으로 상상력을 매개로 하지만 그것을 보고 표현할 수 있는 능력 또한 중요한 부분이 된다.

창의적인 사람이 되기 위해서는 반드시 유연성을 길러야 한다. 무엇보다 유연한 사고는 상상력을 불러일으킨다. 이러한 사고는 두뇌를 폭넓게 사용할 수 있도록 도와준다. 다방면으로 생각할 수 있는 힘을 길러주어 굳어 있는 머리를 유연하게 사고할 수 있도록 하는 것이 중요하다.

한 번 굳어진 두뇌의 유연성을 다시 살리려면 많은 노력과 시간이 필요하다. 그래서 평상시 끊임없이 새롭고 다른 생각을 수용하여 두뇌를 유연하게 길들여져야 풍부한 아이디어가 나오게 된다. 무엇보다 유연성은 아이디어를 발산할 수 있는 창고의 역할을 한다.

우리 두뇌는 창의성을 키울 수 있는 요소들이 많다. 새로운 아이디어나 산출물을 생성해내는 요소에는 유창성, 융통성, 독창성을 들 수 있다. 흔히 창의성의 3요소라고 부른다. 이 요소가 잘 조화를 이루어져야 참신한 아이디어가 창출될 수 있다.

특정한 문제 상황에서 가능한한 많은 양의 아이디어를 산출하는 능력을 유창성이라고 한다. 우리는 흔히 사고의 상황에서 옳고 훌륭한 단 하나의 답을 얻기 위해 긴 시간 동안 머리를 짜내어 고민한다.

그러나 아무리 애를 써도 본인이 원하는 데로 좋은 생각이 떠오르지 않는 경우가 종종 있다. 창의적 사고의 목적은 질적으로 우수한 아이디어를 산출하려는 데 있기 때문에 결과적으로 이 목적 자체가 자유로운 사고를 방해할 수 있다.

고정적인 사고방식이나 시각 자체를 변환시켜 다양한 해결책을 찾아내는 능력을 융통성이라고 한다. 우리는 사회 일반의 지배적인 사고방식이나 자신에게 익숙한 관점에만 고착되어 문제를 해결하거나 결론을 내리려는 경향이 있다.

그러나 이렇게 경직되고 상투적인 사고방식으로 사고를 하게 되면 사고에서의 진전을 이룰 수 없게 된다. 어떤 문제에 대해 편협되고 진부한 해결을 하게 된다. 닫힌 사고의 틀을 깨고 발상 자체를 전환시켜야 한다. 창의적인 아이디어는 유연하고 융통성 있게 생각해야만 독창적인 아이디어가 나오기 마련이다.

창의적 사고를 하는 가장 결정적인 요소가 되는 것이 독창성이다. 독창성은 기존의 방식에서 탈피하여 참신하고 독특한 아이디어를 산출하는 능력을 말한다. 아무리 좋은 아이디어라고 해도 기존의 방식과 차별화되지 않는다면 성공할 수 없다.

문제를 해결하고 세상을 살아가는 상황에 다른 사람들이 이미 내놓았거나 살아가는 방식으로 그대로 따른다면 인간의 정신 또한 물질 세계의 변화나 발전에 별다른 기여를 할 수 없기 때문이다. 사고에서의 독창성이 요구되는 이유는 그것이 단기적으로는 문제해결의 상황에서 보다 더 효율적인 문제해결을 할 수 있게 하고 장기적으로는 인간의 삶을 보다 더 의미 있게 하고 질적으로 고양시켜 준다는 데 있다.

09

80/20법칙을 적극 활용하라

현대사회는 매일같이 시간과의 전쟁을 치르고 있다. 그만큼 현대인의 필수품은 시간의 중압감이다. 과거 인간의 시간이 느슨하였다면 현대는 촘촘하고 급하다. 과거처럼 시간을 느슨하게 쓴다면 늦춰지는 사람, 더딘 사람, 구시대적 인간으로 취급받을 것이다. 그래서 시간을 어떻게 활용할 것인가는 필수적인 선택사항이다. 주어진 시간을 어떻게 활용할 것인가의 문제가 현대인의 고민거리 중의 하나다.

인간의 삶을 한층 승화시킬 수 있는 시간관리방법 중에서 파레토의 '80/20 법칙'을 들 수 있다. 이 법칙은 작은 노력, 투입량, 원인이 큰 부분의 성과, 산출량, 결과를 이루어낸다는 법칙을 말한다. 이 법칙은 1%의 원인이 1%의 결과를, 1%의 투입량이 1%의 산출량을, 1%의 노력과 1%의 성과를 낳는다고 말하지 않는다. 전자와 후자 사이에는 일정한 불균형이 존재한다.

그러니까 1:1, 혹은 50% 노력으로 50%의 성과를 얻는 것이 아니라, 20%의 노력, 투입량, 원인행위로 인해 80%의 성과, 산출량, 결과를 얻는다는 말이다. 달리 말하면 균형의 노동이 비례하는 성과를 만들어내는 것이 아니라는 말이다.

이쯤해선 20%의 활용이 미치는 효과에 대하여 논하는 것이 바람직하다. 아침시간을 보다 효율적으로 사용하는 것이다. 하루를 기준으로 생각하면 아침 9시 이전이 가장 창조적인 시간이라고 볼 수 있다. 이 시간대는 수면과 휴식시간이 끝난 후이므로 뇌활동이 가장 왕성한 시간이다.

더군다나 업무나 다른 일로 방해받지 않는 시간이기 때문에 가장 집중력이 있는 시간이다. 우리가 활용할 수 있는 최고의 20%가 되는 것이다. 하루의 24시간 중에서 바로 이 새벽과 아침을 잘 활용하는 것이 중요하다. 20%의 활용이 80%에 버금가는 효율을 발휘할 수 있다.

주의할 점도 있다. 집중과 휴식을 적절하게 활용하여야 한다. 사람은 기계와는 달라서 적절한 브레이크 타임이 없으면 최대한으로 효율을 높일 수 없다. 사람이 고도로 집중할 수 있는 한계는 대개 60분 전후이다. 60분이 지나면 집중력이 자연적으로 떨어지기 때문이다. 따라서 이 60분 단위로 업무와 노동량을 분배하고 그 60분에 자기의 에너지를 쏟아 부어야 한다.

그런 후에 10분내지 15분을 휴식시간을 가져라. 가벼운 스트레칭과 건강 호흡법을 사용하여 당신의 정신과 육체를 최대한 안정시켜야 한다. 왜냐하면 이 20%의 휴식이 또 다른 60분을 좌우하기 때문이다.

20% 활용의 막바지에 이른다면 마감시간 효과를 최대한 활용하라. 우리는 마감시간에 쫓겨서 일하는 사람들을 게으른 사람이라고 치부하기 쉽다. 80/20의 법칙이란 게으른 이들이 집중하는 바로 이 마감시간을 적절하게 활용하자는 것이다. 그렇다고 어떤 일이 종료되기까지 하는 둥 마는 둥 하다가 막판 뒤집기 식으로 일을 하자는 것은 아니다. 의도적으로 마감시간을 설정하여 데드라인을 잘 활용하는 것도 하나의 좋은 방법이 될 수 있다.

예를 들어 지하철을 타는 시간이나 화장실에 가는 시간은 이미 규정된 데드라인이므로 이 시간 동안 목표를 정해두고 책을 읽는 것도 마감시간 효과를 적절히 활용한 것이다. 이러한 20%가 나머지 80%를 결정하기 때문이다. 이것이 바로 80/20 법칙에 입각한 효율적인 시간관리방법이다.

중요한 일을 먼저 하는 것도 좋은 방법이 될 수 있다. 쉽게 말하면 우선순위에 따라 일을 처리하라는 말과 같다. 우선순위가 있다는 말은 그만큼 중요한 일이라고 할 수 있다. 이외에 덜 중요한 것도 있고, 사소한 일도 있을 것이다.

우선순위가 있는 일이 있다고 가정해 봐라. 우선순위가 없는 일이라면 왜 그것이 우선순위가 안 되는지를 파악하고, 우선순위가 있는 일과 비교하여 시간과 역량의 분배를 고르게 해야 하고자 하는 일에 대한 만족도를 최대한 높일 수 있다는 사실을 명심하자.

그리고 하루 일과를 시작하기 전에 15분 정도의 시간을 활용하라. 오늘 내가 무엇을 할 것인가에 대한 목록을 만들고 기록하는 습관을 기르자. 우선 그 활동 목록 중에서 긴급하고 중요한 일과 그렇지 않은 일을 정하여 적절한 시간을 배치하는 것이 중요하다.

　사람은 꼭 필요한 일만 하면서 살 수는 없다. 자기계발이나 건강관리, 명상의 시간 등을 하루에 20%를 사용한다면 당신의 인생은 몰라보게 달라질 것이다.

문제해결능력을 길러 실용지능을 높이는 기법

01
유성성과 대처능력을 길러라

우리나라는 결코 강한 나라가 아니다. 그럼에도 불구하고 세계 최고의 아이큐를 갖고 있는 사람들이다. 이런 배경에는 한글의 우수성도 있지만, 세계 강국의 교육열도 한몫을 했다고 말할 수 있다. 우리나라 교육열은 이른바 교육마저도 '먼저 시작해야 한다'는 과잉 열기를 부추겨 어떤 부모들은 첨단 태교에 이어서 고액의 유아교육에 열을 쏟는데 오로지 그들의 관심은 공부를 잘하는 똑똑한 아이를 만드는 것에 목표를 두고 있다.

"댁의 아이가 참 똑똑해요."라는 칭찬 한마디는 어느 칭찬보다도 부모를 기쁘게 하는 말임에 틀림이 없다. 아이의 아이큐를 조금이라도 높일 수 있다면 어떠한 방법이라도 마다하지 않는 것이 오늘날의 부모 된 자의 현실이다.

심리학자 로버트 스턴버그는 실용지능은 "폭력적인 랩 음악을 통해 자신의 인생관을 표현하거나 교수에게 수업을 오전에서 오후로 옮겨 달라고 설득하는데 쓰이는 특정한 기술"이라고 말했다.

교육전문가에 의하면 일반지능과 실용지능은 서로 독립적이라는 견해가 지배적이다. 하나를 가지고 있다고 해서 다른 하나를 가지고 있다고 말할 수 없는 것이 지능이다. 성공한 사람들을 보면 의외로 평범했던 사람이 많다는 사실이다. 이런 사람들은 실용지능을 잘 키워낸 사람이라는 것을 알 수 있다.

아이가 똑똑하고, 학업성적이 뛰어나다고 말하는 것은 학업지능이 높은 사람을 의미한다. 모든 부모들이 선망하는 우수한 자녀가 바로 학업지능에 뛰어난 학생이고, 그것을 위해 수많은 시간과 노력, 물질을 쏟아붓는데 그들은 왜 사회에 나와서도 동일한 우등생이 되지 못하는 것일까? 바로 실용지능의 활용에서 오는 차이 때문이다.

크리스 랭건은 6개월부터 말하기 시작했고, 세 살 때 읽는 법을 스스로 깨우쳤다. 그는 선천적으로 똑똑하게 태어났다. IQ가 무려 195에 달하는 것으로 알려졌다. 독학으로 물리학과 수학 등을 배울 정도로 두뇌가 명석하고 영리했다

오랫동안 여러 언론의 주목을 받다가 얼마 전 '세계에서 가장 머리 좋은 사람' 으로 방송에 출연하기도 했다. 머리 좋은 사람은 모두 과학자나 수학자로 살아갈까? 그렇지는 않다. 랭건은 보디빌더와 건설노동자로 생활하다가 현재 말 농장을 경영하고 있고, 인류 역사에서 찾아보기 힘들 정도의 IQ가 높았던 마릴린 역시 과학자나 두뇌로 활동하는 직업으로 성장하지 못했다.

세계에서 가장 IQ가 높은 사람은 미국 세인트루이스에서 태어난 마릴린 보스 새번트이다. 10살 때 그녀는 무려 IQ가 228이었

고, 세계 최고의 IQ 보유자로 기네스에 등재되기도 했다.

하지만 실용지능은 후천적으로 습득해야 하는 지식이다. 우리는 흔히 실제적인 업무에 필요한 상황판단이나 문제해결능력을 실용지능이란 말을 한다. 이 말은 사회생활의 가장 핵심이 되는 대인관계를 풀어가는 기술도 포함한다. 어떤 일을 처리함에 있어 우물쭈물거리지 않는 유연성과 대처능력을 말한다.

이러한 실용지능은 사람에 따라 학업지능과 일치되는 경우도 있지만, 간혹 불일치되는 경우가 많기 때문에 학교의 열등생이 먼 훗날 성공하기도 하는 것이다. 오늘날 한국의 우등생이 미국에 유학 가서 명문대를 나오고도 직장에서 실패하거나 취업에서 낙방하는 이유가 바로 '실용지능' 때문이다. 실용지능 계발이 중시되는 대목이다.

인생은 경마가 아니라 마라톤이다. 경마에서는 오로지 3등까지만 인정을 하고 나머지는 등외라고 인정하지 않는다. 그러나 마라톤에서는 코스를 완주한 사람이면 누구나 승자가 될 수 있다. 누군가는 다른 사람보다 앞서거니 뒤서거니 하다가, 단지 목표점에 누가 더 빨리 도착하느냐가 문제다.

그래서 인생을 마라톤에 비유하는 사람이 많다. 승자로 살아갈 것인가, 패자로 남아 있을 것인가는 인생은 실용지능을 어떻게 활용하느냐에 따라 달려 있다. 실용지능을 적극 활용하여 유연성과 대처능력을 동시에 기르는 노력을 경주하자.

02 자기만의 스타일로 대화하라

　대화를 잘 하는 사람들의 공통적인 특징은 자기만의 스타일을 가지고 있다는 것이다. 자기만의 특유의 제스처를 이용하여 주의를 집중시키기도 하고, 풍부한 감정을 이용하기도 하여 상대방에게 주목을 받는다는 것이다.

　대화를 잘 하는 사람은 눈높이에 맞춰 화제를 이끈다. 분위기를 잘 만드는 사람은 단순히 이야기를 잘해서 이끄는 것은 절대 아니다. 상대방의 눈높이에 맞춰 화제를 이끌어내고 거기에 대한 대화를 해서 자기만의 스타일에 따라 끌고 가는 것이다. 전문용어보다는 상대방이 이해하기 쉬운 언어를 사용하여 분위기를 이끄는 사람이다.

　상대방에게 솔직함을 보여줘라. 남을 웃기는 재주를 가진 사람은 대화에 있어서 가장 큰 능력을 가진 사람이다. 화를 내는 것은 쉽지만, 남을 웃기는 일은 매우 어려운 일이다. 웃음이란 혼자만의 힘으로 되는 것이 아니기 때문이다.

대화를 잘 하려면 우리 몸의 언어기능을 담당하는 각 부위의 서로 다른 기능을 잘 이해하여야 한다. 흔히 언어의 생성과 이해를 관장하는 부위를 언어중추라고 부른다. 언어중추에서는 상대방으로부터 들은 소리를 의미 있는 언어로 이해하고 자신이 생각에 대응하는 단어를 찾아 문장형태를 만들어 이를 소리로 전환시키는 역할을 한다.

언어지능은 좌측두엽과 전두엽의 기능과 밀접한 관련이 있다. 그 부분의 뇌가 손상을 입으면 언어지능이 급격히 저하된다. 특히 언어지능은 우리 두뇌 중에서 주로 좌반구의 통제를 받기 때문이다. 유아기에는 왼쪽 측두엽이 보다 깊게 관여한다. 언어 중추는 다시 브로카 영역과 베르니케 영역으로 나눌 수 있다.

브로카 영역은 언어의 운동 중추로 말을 만드는 곳이며, 베르니케 영역은 감각중추로 말을 이해하는 곳이라 할 수 있다. 브로카 영역이 손상된 환자는 의사나 가족이 하는 말은 제대로 이해할 수 있으나 자신은 말을 할 수 없는 상태가 된다. 본인은 말을 하려고 하지만 '우~', '아~' 등 의미 없는 소리만 낼 뿐이다. 반면 베르니케 영역이 손상된 환자는 다른 사람의 말을 제대로 이해할 수가 없고, 언어적 소리를 내기는 하지만 전혀 이해할 수 없는 말을 하게 된다.

평소 언어력을 기르면 대화를 잘할 수 있다. 흔히 연설을 할 때는 미리 준비된 생각이나 감정을 표현하지만, 상대방과 대화를 할 때에는 머릿속에 떠오른 생각을 그대로 새로운 말을 만들어낸다. 말이라는 것이 쉽게 나오는 것 같지만 우리 두뇌에서는 복잡한 과정을 거쳐 나오게 된다.

대화는 언어훈련을 통해 이루어진다. 상대방의 기분이나 상황을 고려하지 않고 일방적으로 밀어붙이는 것은 대화예절에 어긋나는 행동이다. 평소 두뇌를 운동하여야 한다는 말이다. 급히 서두른다고 많은 내용을 전달하는 것은 아니다. 상대방이 알아듣도록 차분하게 설명하면서 이야기하는 것도 이 올바른 대화방법이다.

대화를 할 때에는 적게 말하고 많이 들어야 한다. 소위 '123화법'을 활용해 봐라. 자기가 하고 싶은 말은 1분만 하고, 2분 동안 상대방의 말을 들어주고, 그리고 상대방의 말에 3분 동안 맞장구 쳐 주는 방법이다. 곧 자신의 의사를 정확히 전달하는 것도 중요하지만 남의 말을 잘 듣는 것이 우선임을 강조한 말이다.

대화를 잘 하는 사람은 허세를 부리지 않고 자신을 솔직하게 드러내 보인다. 솔직한 모습을 보여주는 것이 상대방을 설득하고 행동하게 만드는 기술이다. 듣기만 좋은 달변보다는 진실한 조언이 담겨 있는 말이 더 감동을 준다.

말을 잘 하는 사람은 남의 말을 잘 듣는 사람이다. 인간성이나 평판이 좋은 사람들은 보면 대개 말수가 적고, 상대편보다 나중에 이야기한다. 다른 사람의 말에 귀 기울인다. 사람은 자신을 칭찬하는 사람을 칭찬하고 싶어지는 것이 인지상정이다. 남을 칭찬하는 것은 곧 나를 칭찬하는 일이다. 누구라도 한두 가지 장점을 가지고 있다는 사실을 기억하라.

03
다양한 문제해결능력을 길러라

　많은 사람들은 천재라고 하면 선뜻 IQ가 높은 사람이라고 생각한다. 보통 기억력이나 지적능력이 뛰어난 사람을 천재라고 말한다. 하지만 미래 사회는 자신이 하고 싶은 일 자체에 대하여 열정을 가지고 단순 지식이 아닌 문제해결능력을 가진 사람이 천재가 될 수 있다.

　고위 공무원을 뽑는 시험인 행정고시에서도 공직적격성평가(PSAT)라 하여 언어논리영역, 자료해석영역, 상황판단영역으로 나누어져 있다. 시험의 목적은 단순히 암기력으로 승부하는 것이 아니라 자료를 통한 신속히 분석하고 문제를 판단하는 것에 있다. 곧, 단순지식이 아니라 문제해결능력을 평가하는 방식이다.

　최근 많은 기업에서는 신입사원을 채용할 때 머리 좋은 사람보다는 인간성이 좋은 사람을 채용하는 것도 이런 이유 때문이다. 하지만 미래의 천재의 모습은 단순히 활력이 넘치는 에너지가 있어 보이는 사람 정도로만 생각해서는 안 된다. 열정의 근원은 자신에게 주어진 일에 소명의식과 자부심을 가질 때만이 비로소 위력을 발휘할 수 있고 좋은 결과를 기대할 수 있다.

능력이 뛰어난 사람이라 할지라도 천재가 되기 위해서는 자신의 열정과 주변의 관심이 함께 있어야 한다. 자신이 가지고 있는 인재의 특성을 일찍 발견하고 나아가 잠재능력을 계발할 수 있는 열정을 가져야 한다. 성공한 사람들을 보면 모든 일을 할 때 미칠 정도로 끈기와 인내를 가지고 살아간다.

진짜 천재는 강한 승부 근성을 가지고 있어야 한다. 여기서 승부 근성이란 웬만한 위험에 노출되어도 쉽게 포기하지 않는 불굴의 의지와 이를 극복하려는 억척스러움이 녹아 있는 개념이다. 어려운 일이 닥칠 때마다 좌절하지 않는 용기와 맡은 일에 최선을 다하는 근성과 실행력이 뒷받침되어야 한다.

치열한 비즈니스에서 유일하게 살아남을 수 있는 방법은 철저한 자기관리와 위기대처 능력이다. 항상 남들이 독종이라고 말할 정도로 과감하게 행동하여야 한다. 프로에는 평등은 없다, 다만 유능한 사람 중에서도 리더는 따로 정해진다. 야마다 감독의 평소 지론이다. 승부 근성을 가지지 않으면 프로에서 살아남을 수 없다는, 다소 냉정하기는 하지만 누구도 부정할 수 없는 프로의 진리일 것이다.

전 주니치 드래곤즈 감독이었던 야마다 히사시는 통산 284승이라는 경이로운 기록과 일본 프로야구에서 3년 연속 MVP를 수상하고 12년 연속 개막 투수, 17년 연속 2자리 승리, 올스타 통산 7승 등 다수의 눈부신 기록을 수립한 일본 프로야구계의 거목 투

수였다고 한다.

흡수능력이 높은 사람이 성공한다. 미래 사회는 새로운 것을 배우고 소화하는 능력과 함께 주어진 문제를 지혜롭게 해결해낼 수 있는 사람이 진짜 천재다. 이런 능력을 소위 흡수능력이라고 한다. Cohen과 Levinthal이라는 경영학자는 이러한 능력을 관련된 사전 지식의 양과 노력의 강도에 의해 결정된다고 지적한다.

아무리 아는 것이 많다 해도 끊임없이 새로운 것을 배우려는 자세로 노력하지 않는다면 그 사람의 지식은 금세 진부해진다. 하지만 지식의 양이 조금 모자란 사람이라 할지라도 배우려는 욕망과 열정이 넘쳐 꾸준히 노력하는 사람은 장기적으로 우수한 인재로 성장할 가능성이 높다. 평소 문제해결능력을 길러야 살아남을 수 있다.

일반적으로 기업이 인재를 확보하고 육성할 때, 전략에 부응하는 사람을 이야기할 경우가 많다. 하지만 기업은 지금 당장 큰 성과를 내기에 턱없이 부족한 지식과 능력을 보유한 구성원이라고 여겨질지라도, 배우려는 욕망과 의욕이 넘치는 구성원에 대해서는 이들이 충분히 성장할 수 있도록 지원하고 배려해 주어야 한다.

04 뇌를 젊게 하는 방법을 배워라

최근 미국의 한 대학 연구팀이 27세부터 본격적으로 뇌의 노화가 시작된다는 발표를 하였다. 너무 충격적인 이야기다. 하지만 자연적인 현상을 충격으로만 받아들여서는 안 된다. 우리 뇌는 수천억 개의 신경세포와 그것을 잇는 네트워크로 구성되어 있다.

나이가 들면 신경세포가 감소하는 것은 사실이지만 수량은 충분하기 때문에 기능 저하에 큰 영향을 미치지는 않는다. 보다 중요한 것은 노화에 대한 우려나 태도를 바꾸는 것이다. 정신적인 건강이 노화를 막을 수 있다는 말로 풀이된다.

일생 동안 살아가면서 두뇌의 기능이 서서히 줄어드는데 반해 유일하게 사용 여부에 따라 늘어나는 곳이 하나 있다. 바로 그곳이 '해마' 이다. 해마는 유일하게 세포가 교체되는 곳이기도 하다. 그래서 해마를 기억의 제조공장이라고 부르는 이유이기도 하다. 좋고 싫음과 같은 감정을 담당하는 것이 편도체라면, 해마는 이러한 정보가 필요한지 여부를 판단해서 생존에 필요한 것만 기억하게 하고, 나머지는 버리는 역할을 한다.

뇌를 젊게 하는 가장 좋은 것은 운동이다. 운동 하면 주로 걷기, 달리기, 자전거타기와 같은 유산소운동을 주로 다루고 무거운 것 들기와 같은 흔히 웨이트 트레이닝이라고 부르는 것을 무산소 운 동이라 말한다.

유산소운동은 심장의 박동수를 올려주고, 폐의 활성도를 높여 주고, 전신에 혈액 순환의 양을 크게 늘려주는 역할을 한다. 특히 뇌로 가는 혈액량을 크게 늘려주어 뇌기능을 활성화시킨다. 사람 의 기분을 조절해 주는 물질 중의 하나인 노르에피네프린과 같은 신경전달물질을 조절하여 우울한 기분을 감소시켜 준다. 또 스트 레스 호르몬의 하나인 코티졸의 과도한 작용을 분산시키는 역할 을 하게 된다.

세상에서 걷는 것보다 더 좋은 운동이 없다. 걷기 운동을 하면 열량의 원천으로 되는 피 속의 당분이나 중성지방이 소비된다. 중년 또는 노년기에 들어선 사람들은 젊은이들에 비해 걷기 운동 에 의한 혈당이나 중성지방이 낮아지는 속도가 빠르다. 걷는 운 동은 식사를 한 다음 1시간 정도 하는 것이 건강을 유지하는데 큰 도움이 된다.

평소 운동을 하거나 몸을 움직이면 땀을 흘리기 마련이다. 땀을 흘리고 나면 당장 기분이 좋아진다. 그 이유는 체내에 쌓인 지방 이 점점 감소되고, 생활에 활력이 생기면서 몸에 강한 에너지가 충전되기 때문이다. 규칙적으로 걷는 운동을 하면 더 효과적이 다. 급격한 에너지가 소모되지 않기 때문에 지방 세포로부터 에너지가 추출되어 자동적으로 요소의 활동력이 높아진다.

운동을 하고 흘리는 땀은 유산소성 에너지 대사 과정 중 탄수화물이나 지방을 사용하여 태워진다. 땀은 체온이 37℃가 넘어갈 때 열을 몸 밖으로 배출하는 것이다. 99%의 물과 나트륨, 염소, 칼륨, 마그네슘, 암모니아 등의 이온으로 구성된 묽게 탄 소금물이다.

몸을 움직이고 나면 기분이 좋아지는 것도 이런 이유 때문이다. 몸을 움직이면 잠잘 때 뇌에서 나오는 멜라토닌과 성장호르몬이 분비되기 때문이다. 나이가 들어감에 따라 활동량이 줄어들게 되면 자연이 노화가 빨리 오게 된다.

이 호르몬은 사람의 고통을 경감시켜 주는 효능이 있다. 우울증이나 스트레스 예방에도 큰 도움이 된다. 걷고 나면 기분이 좋아지는 이유도 이 호르몬 때문이다.

꾸준한 운동은 우리 신체의 체중을 조절하여 주고 저체중이나 비만과 같은 과체중을 방지하여 자신의 몸에 대한 자신감을 가질 수 있도록 도와준다. 장기적으로는 심장질환이나 각종 질병으로부터 예방하여 주어 건강한 삶을 살아가는데 많은 도움을 준다.

새벽 운동을 하는 사람들이 늘고 있다. 새벽 운동을 하면 기분을 좋게 하는 '아드레날린' 이라는 물질이 왕성하게 분비되어 기분을 상쾌하게 해 주지만, 심장병이라든지 다른 질병을 가진 사람들은 새벽 운동을 하면 몸에 무리가 올 수도 있어 조심하여야 한다.

뇌를 젊게 하는 방법은 결국 정신건강과 몸의 건강에 있다는 것

을 알 것이다. 긍정적인 사고, 웃음, 신체를 적절히 움직여 주는
운동이야말로 우리의 뇌를 젊게 하는 것임을 다시 한 번 생각하
고 실행하는 것은 어떨까?

05
집중력과 기억력은 또 다른 능력이다

사람의 눈은 기계와 다르다. 보이는 모든 것을 기억하지 못하고 자신이 집중하는 부분을 주로 기억하게 된다. 이때에 사람은 그 사물의 특성을 자신의 기질에 의한 부분에 대하여 기억을 하게 된다. 한마디로 사람은 자신이 좋아하는 일에 더 집중할 수 있고, 그 집중하는 일과 집중되어 있는 감각을 오랫동안 기억할 수 있다는 말이다.

똑같은 사물을 보더라도 어떤 사람은 색깔을 잘 기억하고, 다른 사람은 색깔을 잘 기억하고, 어떤 사람은 그것의 사용법을 잘 기억하는 것은 기억력과 집중력의 차이에서 오는 현상이다. 또 기억하고자 하는 지식이 무엇인지, 집중하는 대상이 무엇인지에 따라 다르게 작용한다.

인간 두뇌의 특성상 집중력과 기억력은 큰 차이가 있다. 집중력은 인간의 능력의 한계를 발휘하는 것을 의미한다면 기억력은 기억하는 능력으로 인해 얻은 결과적인 것을 말한다. 예를 들어,

"저 아이는 집중력이 있어서 기억력이 좋다."고 한다면 집중하는 능력으로 인해 기억력의 증진이 있었다는 말이 된다.

여기에서 집중력과 기억력의 유사성을 발견할 수 있다. 하지만 "우리 아이는 집중력은 좋은 데 기억력이 없어서인지 암기과목에는 젬병이야."라고 한다면 여기에서는 집중력과 기억력은 엄밀히 연관되지 않는다고 말할 수 있다.

집중력과 기억력은 이처럼 방법이나 수단, 결과로서 차별적인 것이지만 어떤 하나라도 없다면 어느 하나는 제대로 성립하지 않는 만큼 밀접한 관계가 있음을 직감할 수 있다. 또 집중력과 기억력은 개인차가 심하다. 그것은 사람의 개성과 취미에 따라 현저한 차이가 있다.

어떤 아이가 특정한 과목이나 활동에 집중하는 힘이 있다면 그 아이는 학습결과물에 좋은 결과를 맺게 해 주는 기억력의 상승이 있을 수 있다. 반대로 기억력이 좋은 아이인데 어떤 특정 과목이나 학습에서는 집중력이 약해 좋지 않은 결과를 낼 수 있다. 따라서 집중력과 기억력은 개인의 취향과 개성과 밀접한 관련이 있다는 결론을 얻을 수 있을 것이다. 우리의 두뇌는 자신이 좋아하는 것이 집중하고, 학습하고, 일하며, 그것을 기억한다.

미국 듀크대학의 캐츠 교수는 "수수께끼나 문제를 푸는 것은 새로운 수상돌기를 만들기 위한 의식적인 노력이며 잠자고 있는 정보의 통로들을 강화시키는 좋은 방법"이라고 조언한다. 우리 두뇌는 자신의 노력 여하에 따라 얼마든지 계발이 가능하다는 의미가 담긴 말이다. 일상적인 생활에 조금만 변화를 주어도 뇌는 좋아한다. 새로운 악기 연주를 한다거나 외국어를 새로 배우는 것도 더 많은 수상돌기를 만드는 계기가 될 것이다.

결국 참된 기억이 되기 위해서는 시간이 걸린다. 우리의 두뇌는 자주 되풀이해서 반복하는 것이 기억을 정착시킬 수 있다. 이때 장기 기억으로 오래 남기기 위해서는 하는 일에 집중하면 효과적이라는 것이 뇌전문가들의 공통적인 의견이다.

그래서 머리는 쓰면 쓸수록 좋아진다는 말에 설득력이 생기는 이유가 된다. 머리를 쓰지 않으면 뇌신경 세포에는 리포푸스친이라는 노화물질이 침착되어 있다. 머리를 쓸수록 뇌세포는 복잡한 시냅스를 형성하여 거미줄 같은 기억망을 만든다.

어떤 사람은 에어로빅이나 무용 같은 순서를 잘 기억하지만, 숫자로 된 전화번호나 식당 간판 이름을 잘 기억하지 못하기도 한다. 사람들은 자기가 좋아하는 일에는 집중하여 시간이 얼마나 흐르는지 모르고 하고, 반대로 싫어하는 일은 짜증을 내면서 하는 일에 집중을 못하는 것도 이 때문이다.

"근육형 인간이 되어야 한다."라는 말이 있다. 이 말은 운동을 열심히 해서 근육을 키우라는 말이 아니라 운동을 해서 근육이 발달하는 것처럼 뇌도 자극을 많이 주면 줄수록 활성화된다는 뜻이다. 뇌는 자극을 주면 줄수록 기억력과 집중력이 발달한다는 말로 풀이된다.

브라이언 콜브 박사는 쥐의 등을 붓으로 매일 반복해서 쓰다듬으면 일부 뇌세포에 변화가 나타난다고 연구결과를 발표했다. 흔히 뇌는 한번 굳어지면 변하지 않는다고 생각한다. 그러나 뇌세포는 사람이 어떤 노력을 하느냐에 따라 변화한다. 그래서 무엇을 듣고, 생각하고, 행동하느냐에 따라 뇌세포가 변한다고 해서 뇌유연성이라는 말이 나왔다.

뇌의 유연성은 동물에만 국한된 것은 절대 아니다. 영국 런던 대학의 엘리노어 맥과이어 박사는 런던 택시 운전자들의 뇌 구조를 자기공명 영상으로 살펴보았다. 런던에서 택시 운전사를 하려면 수천 개의 장소를 헤매지 않고 찾는 훈련을 한 후 시험을 통과해야 한다. 약 2년 동안 길찾기 훈련을 한다고 한다.

이런 런던 택시 운전사들의 해마 뒷부분은 일반인보다 크다는 연구 결과가 이를 뒷받침해 준다. 특히 운전 경력이 긴 운전사일수록 더욱 컸다. 길찾기 훈련으로 뇌세포가 그만큼 늘어난 것이다. 또 20대 일반인들에게 3개월 동안 서커스 저글링을 연습시켜 뇌를 촬영한 결과 연습 전보다 뇌겉질이 두꺼워졌다는 사실도 밝혀졌다.

뇌겉질이 두꺼워진다는 것은 앞쪽뇌가 발달한다는 의미이다. 뇌의 앞쪽에 있다고 해서 앞쪽뇌라고 하고 전두엽이라고도 부른다. 다행스럽게도 앞쪽뇌를 발달시키면 자동적으로 뒤쪽뇌도 발달하게 된다. 예를 들면 말하기를 하면 듣는 능력도 저절로 좋아지고, 그림 잘 그리는 사람은 그림 감상도 잘 한다. 따라서 앞쪽뇌를 발달시키면 뒤쪽뇌까지 전이되어 일석이조의 효과가 있다.

06 합리적인 소비습관을 기르자

최근 들어 소비습관에 대한 개념이 바뀌고 있다. 합리적인 소비는 효용과 가격을 고려하는 합리적인 행위이다. 여러 가지 재화가 있을 때 어떤 것을 선택할 것인가는 단순히 가격만 따지는 것이 아니다. 바로 만족감이라는 주관적인 효용이 들어 있기 때문이다.

가격과 효율이라는 두 요소가 만나는 지점에서 구매 행위가 이루어진다면 이것은 합리적인 소비라고 할 수 있다. 많은 사람들이 어려움을 겪는 것이 충동구매를 들을 수 있다. 충동구매란 물건을 살 필요가 없는데도 물건을 구경하거나 광고를 보다가 갑자기 사고 싶어지는 것을 말한다. 바람직하지 않은 소비행위이다.

충동적으로 쇼핑을 하거나 구매하는 사람들은 무의식 상태에서 소비하는 거나 마찬가지이다. 아무런 계획없이 자기 주도적으로 소비를 하지 않은 상황에서 비롯된 행동이다. 필요에 의해서 효용과 가격을 고려하여 소비하는 것이 아니라 필요는 없지만 자기

만족을 위한다거나, 과시를 위해서라면 이것은 바람직한 소비행위가 아니다. 합리적인 소비는 건전한 소비습관을 통하여 슬기로운 삶을 영위해 나가는 것이다.

최근에는 휴대폰을 이용한 결재가 늘어나면서 사회적으로 심각한 문제가 야기되고 있다. 남모르게 나가는 소위 '돈 도둑'이 늘어나고 있다는 것이다. 그것에 신경 쓰는 경우는 드물다. 게다가 본인의 용돈이나 예산의 범위 내에서 결제되는 것이 아니라 부모의 통장에서 빠져나가기 때문에 문제는 더욱 심각하다.

이런 경우 학생들의 휴대폰이나 신용카드 요금이 자신의 통장에서 빠져나가도록 하는 것은 지출을 최대한 줄일 수 있는 좋은 전략이 될 수 있다. 부모가 주는 일정한 용돈으로 본인 스스로 책임감을 가지고 사용하는 것이 바람직한 방법이다. 그것이야말로 자녀에게 좋은 경제교육의 기본이 될 수 있다.

경제교육의 중요성은 두말할 나위가 없다. 중요한 것은 학교 교육과정 내에 경제교육을 포함하는 것이다. 그렇다면 경제교육의 시기는 언제이며, 무엇을 가르쳐야 하느냐가 문제다. 경제교육 시기와 관련해서는 교육전문가들의 견해가 다소 다르다. 하지만 경제교육은 어느 정도의 의사결정 능력이 형성되는 초등학교 때부터 이루어지는 것이 바람직하다.

교육과정 안에는 올바른 소비방법, 저축, 신용 등을 반드시 포함하여야 한다. 또 경제교육은 올바르게 의사결정을 할 수 있는 능력을 키워주는데 목적이 있다. 또 경제교육을 통하여 일차적으로 자신의 주어진 예산의 범위 내에서 합리적인 소비를 할 수 있는 능력을 길러주어야 한다.

현대를 신용사회라고도 부른다. 신용에는 한편으로 등급이 있어 투자의 적정성과 지속성을 가늠해 주는 척도가 있다. 인간관계를 형성하는데 신용이 무엇보다 중요한 자산이 된다. 합리적인 소비를 하기 위해서는 개인의 신용도를 최대한 높여야 한다.

한 은행과 집중해 거래하는 것도 신용도를 높일 수 있는 지름길이다. 금융회사는 거래 실적이 높은 고객에게 더 높은 신용등급을 주고, 고객이 필요시 저렴한 이율로 대출하여 주기 때문이다. 신용도는 합리적인 소비를 하는데 필요한 요소가 된다.

따라서 거래 실적을 높이기 위해서는 예금과 대출은 물론 신용카드, 공과금 납부에 이르기까지 주거래 은행을 정해 놓고 집중적으로 이용하는 것이 좋다. 주거래 은행을 이용하면 자동적으로 우대금리 혜택을 받을 수 있는 기회가 늘어나게 된다.

온 가족이 주거래 은행을 정하여 거래 실적을 높여 신용도를 높이는 방법도 있다. 일반적으로 금융회사는 가족관계를 등록해서 통합적으로 고객을 관리하는 시스템을 가지고 있다. 금융기관에서는 가족 구성원의 개별 실적을 합산해서 개개인의 실적으로 인정해 준다.

합리적인 소비를 위해서는 연체를 해서는 절대 안 된다. 사람과 사람관계에서도 약속을 지키지 않으면 신용을 잃듯이 연체를 하면 금융거래가 정지되는 가장 큰 요인이 된다. 매달 갚아야 하는 신용카드 대금은 금액과 상관없이 연체되면 자신의 신용점수에 많은 영향을 준다.

무엇보다 중요한 것은 신용관리의 중요성과 올바른 소비습관을 기르는 것이다. 자신의 신용관리가 왜 필요한가? 신용도가 나빠지면 어떠한 불이익이 생기는가? 자신의 신용도를 높이는 방법에는 어떤 것이 있는가? 등의 경제교육을 통하여 생활 속에 건전한 소비습관을 기르는 것이 무엇보다 중요하다.

07 감성지수를 높여야 성공한다

하버드대 다니엘 골맨 교수는 성공하는 사람들은 사회학적으로 분석하여 두 가지로 요약했는데 IQ(지능지수)가 20%, EQ(감성지수)가 80%라고 한다. IQ가 높은 것이 그 사람의 성공과 행복한 삶에 기여하는 것은 불과 20%에 그치고 나머지 80%는 EQ의 높고 낮음에 따른다는 평가까지 나오고 있어 현대사회에서 감성지수의 중요도를 단적으로 보여주고 있다.

감성지수가 높은 사람은 일단 문제해결능력이 깨어 있는 사람이다. 과거에 파묻혀 있는 구태의연한 사람이 아니라 결코 새로운 것에 두려워하지 않은 젊은 사람이다. 그래서 감성이 높은 사람은 실용지능이 높은 사람이라고 할 수 있다.

그래서 앞으로 다가오는 미래는 다양한 가치를 보다 폭넓게 추구하고 인간 상호 간의 감성적 교감을 중시하는 방향으로 발 빠르게 변모하고 있다. 즉, 이전의 지식 추구형 인간에서 교감하고 공존하는 인간으로의 변모가 현대의 대세라고 해도 과언이 아니다.

생활지능 또는 상식이라고 불리기도 하는 실용지능은 전통적으로 분석적 능력만을 강조하는 학업지능과 구별되는 개념이다. 이 지능은 성공적인 일상을 수행하기 위해서 필요한 것으로 일상의 상황에 적응하고 실생활에서 문제를 해결하고 목표를 달성하기 위해 그 상황에 필요한 지식을 획득하고 활용하는 능력을 말한다.

오늘날의 사회는 하루하루가 다르게 변화하고 있다. 과거에는 신입사원을 채용할 때 일류대학 출신을 몇 명 채용했느냐에 따라 그 회사가 좋고 나쁘다는 평가를 받았지만, 지금은 단지 머리가 우수한 사람보다는 실용적인 지능이나 정서지능이 높은 사람을 우선 선발하고 있다.

사회적으로 성공 가능성이 높은 사람은 어떤 사람일까? 결론적으로 말하면 지능지수가 높은 사람보다는 감성지수가 높은 사람이다. 사회적으로 성공한 사람들을 살펴보면 지능이 뛰어난 사람보다는 인관관계를 잘 하는 사람이 더 많다.

감성이 풍부한 사람들은 사회생활을 하면서 보다 친밀한 관계를 유지하고, 모든 일에 책임감을 가지고 처리하며, 동정심과 포용력이 뛰어나 성공할 확률이 높다.

직원채용에서 실용지능은 무엇보다 중요하게 여긴다. 사우스웨스트 항공사가 인재선발 시 '유머감각'과 같은 태도 요인을 집요하게 심사해 채용하는 것도 실용지능에 대한 중요성을 나타내 주는 예이다. 또한 시스코사는 혁신문화에 적합한 인재 유치를 위해 전문적인 지식이나 직무능력보다는 대인관계, 팀웍이나 개인의 행동과 관련된 소프트한 스킬을 80%나 반영하고 있다.

성공한 사람들은 대부분 감성지수가 높다. 감성지수가 높은 사람은 남의 입장이 되어줄 수 있는 사람이다. 공감은 타인의 생각이나 느낌을 대리적으로 느끼는 능력이다. 자신의 정서 체험에 의한 의식에서 출발한다.

자신이 몹시 배가 고파서 고통스러웠던 체험을 통해 다른 사람의 입장에 감정이입하여 남의 배고픔도 느낄 수 있다. 또한 자신의 먹을 것을 나누어 주는 배려된 행동으로 나아가게 된다. 이러한 측면에서 공감은 사회생활에 필수적인 능력이라고 할 수 있다.

스텐버그를 비롯한 많은 학자들은 학업에서의 수행과 실생활에서의 수행이 구분되어 평가되어야 하는 이유를 설명하고 있다. 공부와 관련된 문제와 일상생활이나 직업생활 문제의 특성이 다르다는 것이다. 학교 공부와 관련된 문제는 다른 사람이 만든 것이어서 문제해결 당사자의 흥미를 유발시키지 못한다.

반면 일상생활이나 직업생활에서 일어나는 문제는 문제해결자 각자가 무엇이 문제인지를 인식하고 규정해야 하며 문제해결자 스스로 동기가 부여돼야 한다. 문제해결에 대한 정보가 미리 제공되지 않으므로 각자 정보를 얻어야 하며, 문제해결의 방법과 해답이 여러 가지일 수 있고, 개인의 경험 수준에 따라 문제해결의 과정과 결과의 질이 달라지게 된다는 사실이다.

조직이나 직장생활에서 가장 인기 있는 사람은 다른 사람을 배려해 주는 사람이다. 그런 사람들의 감성은 따뜻하고 감싸주는 위로형이다. 그와는 반대인 이기주의자나 개인주의자, 이성주의자는 어느 곳에서도 제대로 정착하지 못한다. 집안 식구들조차도 싫어할 만한 사람들이다. 그들의 감정은 삭막하게 말라 있는 사막의 막대기처럼 되어 있기 때문이다. 차갑고 싸늘한 사람 곁에는 사람이 다가서지 않는다.

이성적으로만 판단하는 사람들 곁에는 이성적인 사람들만 있기에 감정이 없다. 감정이 없으면 동물이나 다름없다. 동물은 생존만이 전부이다. 그런 부류의 사람들은 죽고 사는 것에만 관심이 있을 뿐, 다른 사람을 배려하고 상대방을 존경하며 높여주고 인정하는 모습은 찾아볼 수 없다.

성공하려면 머리를 잘 쓰는 것보다 마음을 잘 쓰는 것이 중요하다. 머리 좋은 사람보다 마음 좋은 사람이 훨씬 빠르게 성공한다. 성공하기 위해 끊임없이 감성지수를 높이는 훈련을 하여야 한다. 그렇다. 당신의 성공지수는 실용지능에 있다. 이성과 감성을 동시에 놓치지 않는 사람이 실용지능을 제대로 활용하는 사람이다.

08

한 가지 일에
집중하라

"당신은 정말 중요하고 당신이 꼭 해야 할 일은 무엇일까? 그것은 바로 당신이 잘할 수 있는 일입니다. 짧은 인생에서 잘할 수 없는 일에 억지로 매달리는 건 시간낭비일 뿐만 아니라 자신을 괴롭히는 일이기도 하다. 행복하고 성공적인 인생을 만들고 싶다면 잘 하는 일에 집중하라."라는 말이 있다.

세계적인 비즈니스 컨설턴트 브라이언 트레이시(Brian Tracy)가 한 말이다. 모든 일을 할 때 한 가지 일에 집중해야 한다는 의미가 함축되어 있다. 오늘날처럼 빠른 변화가 요구되는 시대에 머뭇거리거나 불필요한 시간을 낭비할 시간이 없다는 말로 풀이된다.

우리 뇌는 동시에 두 가지 일을 하면 혼란스러워한다. 뇌는 하나에 집중하게 되면 다른 영역의 활동을 억제하는 경향이 있어 감촉에 집중하기 위해서 시각으로 들어오는 정보를 막기 위해 눈을 감는 활동을 하게 된다. 한편으로 억제한다는 말은 한쪽의 효율성을 극대화한다는 말과 같다.

일례로, 손가락으로 주머니 안의 동전을 만져 촉감만으로 동전의 앞뒤를 구분하는데 집중하다 보면 사물의 감촉을 판별하는 체성감각야와 물체의 위치를 알아내는 두정연합야를 단련시키지만 후두엽의 사물을 바라볼 때 작용하는 시각야와 측두엽의 사물의 정체를 파악하는 하측두회의 활동이 감소된다는 것이 전문가의 설득력 있는 공통된 견해다.

문제의 핵심은 '어떻게 해야 집중력을 높일 수 있을까' 하는 것이 관건이다. 우리가 무언가를 집중할 수 있다는 것은 그 말을 매우 잘할 수 있게 되는 걸 의미한다. 나무에 구멍을 뚫을 때 무딘 송곳보다는 뾰족한 송곳을 가지고 작업할 때가 빠르고 쉽게 뚫리는 것처럼 집중력을 갖게 되면 무슨 일을 하든 빠르고 효과적인 결과를 얻을 수 있다. 집중력은 노력 여하에 따라 계발이 얼마든지 가능하다는 말로 해석된다.

집중력하면 과학자 뉴턴의 이야기를 하지 않을 수 없다. 뉴턴이 서재에서 책을 읽으며 연구에 몰두하고 있을 때였다. 어머니가 점심을 가져다 주었는데 몇 시간이 후 와 보니 음식이 그대로 있었다.

어머니는 어떻게 하나 보려고 그릇을 치우고 지켜보았다. 시간이 한참 지난 후 뉴턴이 밥을 먹으려고 보니 그릇이 깨끗이 비워져 있었다고 한다. 그러자 뉴턴은 "네가 벌써 밥을 먹었구나!" 하고 다시 연구에 몰두했다고 한다. 자신이 밥을 먹었는지 안 먹었는지조차도 모르고 연구에 몰두한 뉴턴은 집중력의 단면을 보여 준다고 할 수 있다.

수도와 고행으로 알려진 티벳의 승려들 또한 집중력의 극치를 보여준다. 한창 명상과 수도를 한 후에는 머리 꼭대기 정수리 부분이 물렁물렁해져서 손가락으로 누르면 쑥 들어가 풀을 꽂을 수 있을 정도다. 그만큼 집중의 강도가 강하다는 것을 의미한다. 우리도 뭔가 열심히 하고 나면 머리가 아픈 것도 이 때문이다.

강한 호기심과 흥미가 있어야 하는 일에 집중할 수 있다. 또 적당한 긴장감이 있어야 집중도를 높일 수 있다. 아무리 집중이 안 되는 사람이라도 일이 다급해지면 정신이 바짝 들기 마련이다. 일이 다급해지면 집중력이 증대되는 마감효과도 누릴 수 있다.

집중력을 키우기 위해서는 작은 시간이라도 쪼개는 것이 효과적이다. 일반적으로 사람이 집중을 지속할 수 있는 시간은 30분에서 1시간 정도가 적당하다. 이 시간이 지나면 집중력이 떨어져 보다 많은 힘을 들여야 집중을 지속할 수 있다.

이루고자 하는 목표를 설정해야 한다. 중요한 것은 목표를 설정하는 경우에 현실적으로 실현 가능한 것이어야 한다. 현실적으로 성취가 불가능한 목표를 세운다면 오히려 탐욕적인 마음이 들게 되어 하는 일에 집중하기가 어렵게 된다.

인생 자체를 생각할 목표란 한마디로 자아실현이라고 볼 수 있다. 언제나 '햇빛에 렌즈의 초점을 맞추지 않는 한 종이를 태울 수 없다' 라는 논리처럼 우리의 생각을 한 가지 목표에 집중해야 한다.

09 첫인상이 인생을 좌우한다

첫인상은 처음이자 마지막 인상이라는 말을 할 정도로 중요하다. 짧은 순간 결정되는 운명과도 같이 소중한 것이다. 그렇다면 첫인상은 얼마나 신뢰할 수 있느냐가 문제가 될 수 있다. 많은 심리학자들은 우리 두뇌는 짧은 시간에 본능적으로 상대방에 대한 호감이나 신뢰를 판단하게 된다고 한다.

무엇으로 상대방의 인상을 판단하는가? 첫인상이 형성될 때 가장 영향을 주는 부분이 시각적인 요소이다. 이 요소에는 얼굴 표정, 몸매, 복장, 액세서리, 더 나아가서는 목소리도 그중 하나라고 이야기한다. 그중에서 사람을 처음 만났을 때 시선이 가장 먼저 가는 곳이 바로 얼굴이고, 그 얼굴 표정에 의해 그 사람의 인상이 결정되게 된다.

처음 상대를 만났을 때 좋은 이미지를 보여준다면 그것이 계속 긍정적인 역할을 다하겠지만, 반대로 나쁜 인상을 준다면 이후에 아무리 새로운 모습을 보여준다 해도 부정적으로 연관시켜 생각하게 될 것이다.

대화를 계속 나누다 보면 상대의 인상이 조금 바뀌는 경우도 있다. 그러나 처음에 형성된 인상은 쉽게 바뀌지 않는다. 첫인상이 쉽게 바뀌지 않는 이유는 사람의 두뇌 역할을 하는 정보처리과정에서 초기 정보가 후기 정보보다 훨씬 중요하게 작용하기 때문이다. 이런 현상을 교육심리학에서는 초두효과라고 부른다.

미국 다트머스대학 심리와 뇌 과학의 왈렌 교수는 인상 판단에는 뇌의 편도체가 뇌의 편도체가 빠른 시간에 인상 형성 역할을 한다는 사실을 밝혀냈다. 또 첫인상은 17/1,000초 만에 형성된다고 한다. 아주 짧은 시간이다.

순간적으로 판단되는 첫인상에 대한 얼마만큼 신뢰성이 있으며, 얼마나 믿을 수 있느냐가 문제다. 미국 프리스턴대학교 심리학과 토도로프 교수의 실험 중 하나인 '정치인의 첫인상이 선거에 미치는 결과'라는 연구는 첫인상에 대한 가설을 흥미롭게 제시해 주었다.

실험 참가자들에게 두 장의 사진을 보여주고 '누가 더 유능한가?' 선택하게 한 결과, 놀랍게도 상원의원 후보의 70%, 하원의원 후보의 68% 당선 적중률을 보여준다. 이런 결과는 사람들이 얼마나 인상을 통해 많은 것들을 그것도 짧은 시간에 판단하는지를 여실히 보여준 결과라고 볼 수 있다.

어떻게 하면 좋은 인상을 줄 수 있을까? 먼저 용모를 단정하게 하고 밝은 표정으로 상대방을 대하는 것이 중요하다. 용모를 단정하게 하는 것은 값비싼 옷으로 치장하라는 것은 절대 아니다. 어떠한 옷을 입더라도 단정하고 그때그때 분위기에 따라 몸치장을 하는 것이 좋다. 용모에서 그 사람의 첫인상이 많이 좌우하기 때문이다.

무엇보다도 얼굴 표정은 그 사람의 속마음을 그대로 나타나는 것이므로 눈을 마주칠 때마다 편안하고 친근한 미소를 짓는 것이 좋다. 눈높이는 상대방을 지나치게 응시하는 것은 바람직하지 않다. 상대방의 가슴 정도를 바라보는 것이 상대의 호감을 자극할 수 있다.

느낌 좋은 첫인상의 저자 앤 데마레이스 박사는 처음 만나기 전 상대방에 대한 정보를 미리 숙지하는 것이 좋은 인상을 만드는 첫 번째 관심이라고 할 정도로 정보를 강조하였다.

상대방에 대한 정보를 많이 알면 알수록 관심의 정도를 표현하는 것이고, 호감을 표현하는 의미를 내포하고 있다고 말할 수 있다. 취미가 무엇인지, 어떤 음식을 좋아하는지, 운동은 어떤 운동을 좋아하는가 등에 대한 가벼운 정보라도 알아 두면 도움이 된다.

의사전달을 함에 있어 언어적인 요소 이상으로 비언어적인 요소가 이미지 형성에 매우 중요한 역할을 한다. 육체언어인 바디 랭귀지는 무의식에서 나온다. 그래서 말보다 더 정확한 메시지를 전달하고 표현한다.

'칭찬은 고래도 춤추게 한다' 는 말이 있다. 그러나 칭찬은 때와 장소에 맞게 해야 더욱 효과적이다. 칭찬은 마음으로부터 우러나

오는 것이 좋다. 형식적인 칭찬은 오히려 상대방으로부터 오해를
살 수 있다는 사실을 명심하여야 한다.

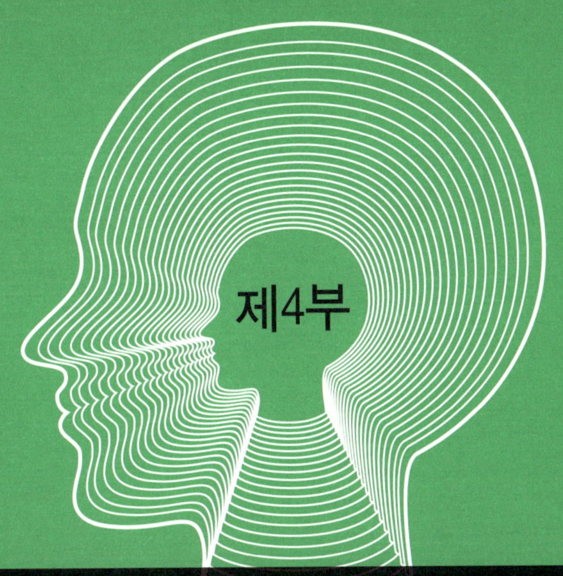

제4부

잠재력을 깨워
실용지능을 키우는 기법

01
우뇌의 힘을 키워라

우뇌의 힘을 키워야 있다. 그래야 생존경쟁에서 살아남을 수 있다. 우뇌와 좌뇌를 비교해 보면 우뇌에 잠재되어 있는 힘이 좌뇌보다 10만 배가 넘는 것으로 조사됐다. 무한한 가능성이 잠재해 있다는 말이다. 좌뇌 중심으로 산다는 것은 자기가 가진 능력의 1%도 사용하지 못하고 죽는다는 것과 같은 결과다.

아인슈타인도 "나는 언어로 생각하지 않는다. 생기 있게 움직이는 형태와 영상으로 생각한다. 이런 것들을 종합해서 언어로 옮기려고 노력한다."는 말을 하여 사람은 우뇌 인간임을 단적으로 보여준다.

이를 설명하기 위해서는 사람의 뇌를 구체적으로 알 필요가 있다. 사람의 뇌는 3중 구조로 되어 있다. 그중 첫 번째는 모든 동물이 가지고 있는 뇌로, 우리는 이런 뇌를 원뇌라도 부른다. 원뇌는 철저하게 생명 본능에 따라 활동한다. 다시 말해 먹이를 먹고 자손을 번식하기 위한 기능만을 가지고 있는 것이다. 원뇌만을 가지고 살아가는 파충류의 세계는 오직 생존만을 위할 뿐이다. 그래서 사람과 같이 아무 감정이 없다.

두 번째는 원뇌를 감싸는 듯한 형태의 뇌로 대뇌 변연계라는 동물뇌이다. 동물뇌는 원뇌에 쾌감이나 불쾌감 같은 감정이 더해진 뇌이다. 예를 들어 개와 고양이 같은 파충류처럼 자기의 이득에 따라 움직이는 한편, 유쾌하거나 불쾌한 감정도 가지고 있다. 또 좋아하고 싫어하는 것도 구별할 줄 안다. 이것은 인간의 감정에 해당한다.

세 번째는 가장 바깥쪽에 있는 대뇌피질이다. 인간을 만물의 영장이라고 자부할 수 있는 이유도 이 대뇌피질이 매우 거대해져서 우반구와 좌반구로 나뉘게 되었다. 이 좌우뇌 대뇌는 '뇌량' 이라는 신경다발로 연결되어 있다. 이 뇌량을 통해 양뇌가 서로 연락을 하면서 고도의 기능을 발휘하고 있다.

인간이 살아감에 있어서 좌뇌와 우뇌는 서로 다른 역할을 하고 있다. 다만 훈련의 강도 측면을 보자면 우뇌는 강해야 하기 때문에 인간의 삶과 직접적 관련이 있다. 왜냐하면 우뇌는 인간을 인간답게 하게 하는 기복제어장치이기 때문이다. 예를 들어, 마라톤을 하는 사람은 힘들고 괴로운 순간이 지나고 나면 고통이 어디론가 사라져 버리는 것을 느낄 수 있다. 마음과 육체가 하나가 되어 쉽게 달릴 수 있는 것이다. 이것은 우뇌가 지닌 힘의 위력이며, 그 뇌에서 몸에 좋은 모르핀 분비가 다량으로 이루어지기 때문이다.

보통 우뇌는 감성적이고 이미지적인 사고를 하는 반면, 좌뇌는 이성적이고 분석적, 합리적인 사고에 강하다. 정보를 저장하고 보관하는 방법도 다르다. 좌뇌는 경험이나 지식을 뇌에 입력하여 기억의 보물창고로 만들지만, 우뇌는 태어나면서 바로 선물받은 인류의 보물창고인 셈이다.

우뇌의 힘을 기르기 위해서는 긍정적인 사고를 해야 한다. 오감을 통한 우뇌를 적극 활용하라. 좋은 그림을 보고 좋은 음악을 듣는 행위는 단순한 오락의 영역을 넘어서, 뇌를 적극적으로 활동하게 하여 우뇌의 문을 여는 계기를 만들어 준다. 하루에 한 번이라도 좋다. 자신이 가장 즐거워하는 시간을 가지는 것도 좋은 방법이다.

가벼운 운동이나 명상을 하면 도움이 된다. 맨손체조는 젊은이부터 노인까지 누구라도 시간에 구애받지 않고 아무 데서나 손쉽게 할 수 있는 운동이다. 10분이면 충분한 운동이다. 게다가 맨손체조를 하면 활성 산소를 만들지 않고 근육을 붙일 수 있다. 맨손을 자주 사용하면 성장호르몬이 분비되어 근육의 양을 늘려주기 때문이다.

두뇌를 계발하려면 뇌를 구성한 원료가 되는 단백질 섭취가 필요하다. 단백질을 섭취하라고 하면 고기나 생선을 쉽게 떠올릴 수 있지만, 이런 음식을 많이 먹으면 지방을 지나치게 섭취하게 되어 혈관이 막히는 원인이 될 수 있다. 그래서 지방은 되도록 적게 먹고 단백질은 많이 섭취하는 것이 이상적이다.

갓 태어난 아이는 좌뇌에 어떤 장애가 생겨도 어머니의 젖을 빨수 있지만, 우뇌가 잘못되면 젖을 빨아먹지 못한다. 의식하지 않고 행동하는 본능은 우뇌의 영역에서 나오기 때문이다.

우리 우뇌에는 과거에서 현재까지 이르는 인류 5백만 년에 해당하는 유전자 정보가 모두 들어 있다. 현대는 감성보다 지성을 중시하는 사회이다. 그러나 앞으로 다가오는 미래는 지성보다는 감성이 중시하는 시대가 될 것이다.

우뇌의 힘을 길러야 한다. 요즘 이곳저곳에서 '우뇌형 교육'이란 바람이 불어오고 있다. 인간이 생존하는데 가장 중요한 본능이나 자율신경계의 활동, 도덕, 윤리관 그리고 우주의 법칙까지 인류가 과거에 경험을 통해 얻은 최적의 생존정보가 바로 이곳 우뇌에 있다는 사실을 기억해야 한다.

02

누구에게나 강점지능을
가지고 있다

"잘 하는 사람을 따라하라.",

"실패하면 벌하라."

"권위자의 말을 믿어라."

이는 시대적인 요구를 이해했던 사상가, 하버드대학 심리학과 하워드 가드너 교수가 한 말이다. 그는 심리학자였지만, 하버드 대학 시절 호기심이 생기면 어떤 과목이든 청강할 정도로 공부를 좋아했고, 얼리 리더(early reader)였다고 한다. 뇌 연구를 위해 의학 분야에 뛰어들어 다중지능이론을 만들어냈다.

1983년 자신의 저서인 『마음의 틀』을 통해 단순히 IQ만으로 인간의 잠재능력을 평가하는 것은 비현실적이라며 기존의 '지능'에 대한 낡은 지식을 폐지해야 한다고 주장했다. 그의 책이 출간되면서 IQ가 규정해 온 기존의 사고능력에 대한 인식을 뒤집어 놓았고, 인간의 능력이나 평가에 대한 인식이 새로운 각도에서 바라보는 계기가 되었다.

다중지능의 핵심은 교과 성적이 좋은 아이는 논리 · 수리지능이 높고, 노래를 잘 부르는 아이는 음악지능, 달리기나 운동을 잘하는 아이는 신체지능이 뛰어나다고 한다. 실례로, 공부는 전혀 취미가 없어도 아무 노래를 한 번 들으면 가사까지 완전하게 외우는 사람이라면 다중지능이론 중에서 음악지능이 발달했기 때문이다.

이렇듯 누구에게나 자신의 강점지능을 가지고 있다. 성공의 열쇠는 바로 자신이 남보다 다른 강점지능을 찾아 최대한 활용하는 데 있다. 교육연구가들은 사람마다 얼굴 모양이나 생김새가 다르듯이 지능과 재능도 다르다고 한다. 우리가 가지고 있는 다원적 지능은 각 영역별로 독립적으로 활동하기 때문에 자신이 가지고 있는 재능을 계발하여야 한다.

사람은 누구나 가드너의 8가지 다중지능을 가지고 태어났다. 강점지능은 한 사람의 생을 다른 사람과 특별히 구별 짓는 중요한 요소가 된다. 이 지능 중 어떤 지능이 더 뛰어난가는 사람에 따라 모두 다르다. 사람은 이 여덟 가지 지능이 합쳐져서 독특한 개성과 능력을 지닌 한 사람을 만들어낸다.

인간의 잠재력은 무한하다. 뇌를 연구하는 사람들에 따르면 잠재능력은 무한하나 사용되는 능력은 미미하다고 주장한다. 보통 성공한 사람들이 자신의 능력을 3% 정도밖에 발휘하지 못하고 세상을 떠난다고 한다. 인류 역사상 뇌를 가장 많이 사용한 과학자 중의 한 사람으로 간주되는 아인슈타인도 10%를 넘지 못했다고 한다.

성공과 실패의 차이가 잠재능력의 계발 여부에 따라 결정된다는 사실을 알 수 있다. 모든 사람은 자신의 능력 중에서 빙산의 일각만을 사용한 채 세상을 떠나가기 때문에 이제까지 자신에게 주어진 잠재능력의 한계점까지 도달한 사람은 아무도 없는 것이다.

가드너 교수가 밝힌 일반인과 비교해서 '리더에게 특별히 요구되는 지능'이 있다. 역시 실존적 지능을 높여야 한다고 강조하고 있다.

"리더는 3~4가지 지능이 좋아야 합니다. 우선 언어지능이 뛰어나야 합니다. 사람들에게 설득력 있는 스토리를 들려줄 수 있어야 하기 때문입니다. 또 다른 사람들을 이해하는 지능이 높아야 합니다. 제가 '9번째 지능'이라고 부르는 실존적 지능(existential intelligence)도 높아야 합니다. 그래야 우리가 누구이고 어떤 일을 해야 하는지와 같은 큰 질문에 답할 수 있습니다. 리더들은 또 자기 자신을 돌아보는 자성 지능(intrapersonal intelligence)을 갖춰야 합니다."

성공에 대한 의미도 일반인과 다르게 생각하고 있다. 그가 정의하는 성공이란 "자신이 좋아하고, 잘할 수 있고, 사회에서 자기의 몫을 발견하는 것입니다. 취미에서 발견할 수도 있고, 가정을 꾸미는 것에서 찾을 수도 있어요. 만약 성공을 이렇게 넓은 의미로 정의한다면 다중지능이론은 매우 도움이 될 것입니다. 자녀들이 좋아하고, 잘하는 것을 학교 안이든 바깥에서든 발견하도록 도와주죠."

내 아이가 잠재되어 있는 강점지능을 찾아내는 것은 바로 부모의 관심에서 비롯된다. 적성을 제대로 살리고 싶다면 아이가 어떤 분야에 재능이 있고, 소질이 있는지 살펴보는 일이 부모의 몫이란 말이다.

자녀에게 숨어 있는 강점지능을 찾아주는 것만큼 중요한 일이 없다. 인간은 본능적으로 쾌락을 추구하려는 속성을 가지고 있다. 누구나 잘 하는 일이나 좋아하는 일을 하면 기분이 좋아진다. 그 이유는 쾌감 물질인 도파민이 몸속에서 분비되어 뇌를 흥분시키기 때문이다. 자신의 강점지능이 무엇인지 찾아내는 노력이 필요한 대목이다.

누구에게나 강점지능은 있다. 부모가 자녀의 강점지능을 알고 키워나가는 것이 중요한 것처럼, 자녀 역시 자신의 강점지능이 무엇인지 찾아내는 노력이 무엇보다 필요하다. 강점지능을 알고 있다는 것은 진로를 선택하고 인생의 방향을 탐색하는데 이정표가 되기 때문이다.

03 천재도 훈련으로 만들 수 있다

천재를 인위적으로 만들 수 있을까. 우리가 건강한 신체를 유지하기 위하여 몸을 단련하듯이 마음의 근육 또한 뇌라는 실재를 통해서 훈련시킬 수 있다는 연구 결과들이 발표되었다. 그래서 천재도 훈련을 통하여 만들 수 있다는 말에 사람들은 희망과 자신감을 갖게 된다.

우리 몸의 뇌는 140억 개의 신경세포로 이루어졌다. 무게는 사람에 따라 다소 차이가 있지만 1,300~1,400g 으로 몸무게의 2%에 해당된다. 뇌는 우리 몸의 에너지원인 포도당과 산소를 사용한다. 에너지 이동을 위해 혈액도 17%를 사용하며 크게 대뇌, 소뇌, 뇌간으로 나눌 수 있다.

우리 뇌는 많은 신경세포로 구성되어 있지만 매일 수십만 개씩 파괴된다. 이 말은 우리가 나태해지고, 뇌를 활성화시키지 않는다면 뇌활동은 정체되거나 후퇴할 수 있다는 말과 같다. 쓰지 않으면 더 많이 기능을 잃어버리거나 파괴될 수 있다. 매우 심각한 현상이다. 두뇌의 운동이 줄어들게 된다면 그에 비례하여 두뇌활동이 줄어든다. 뇌를 바꿀 수 있다는 말은 다소 익숙하지 않지만 훈련을 통하여 활성화하는 것은 어쩌면 당연한 이야기인지 모른다.

그래서 두뇌도 운동을 해야 한다는 말에 무게가 실리고 설득력을 얻게 된다. 사람의 뇌는 생후 7개월경부터 활동이 활발하게 진행되다가 20대 이후는 다른 세포와 마찬가지로 뇌세포도 노화되기 시작한다. 건강하게 움직이는 뇌를 항상 유지하기 위해서는 무엇인가 해야 한다.

기억이란 인간이 삶을 살아가는데 매우 중요한 요소라는 것을 알 수 있다. 뇌세포가 노화되기 시작하면 먼저 찾아오는 것이 기억력 감퇴, 학습능력은 물론이고 집중력이 저하된다. 기억이란 인간이 삶을 살아가는데 매우 중요한 요소가 된다. 이러한 현상은 50대에 들어오면서 현저하게 나타나기 시작하는 것이 일반적인 현상이다.

우리의 뇌는 기억보다 망각에 익숙하다. 생존을 위해 꼭 필요한 것만 기억하고 나머지는 잊어버리려고 노력해 왔기 때문이다. 이런 뇌를 효과적으로 치료하기 위해서는 뇌에 반복적으로 인지적 자극을 주는 것이다. 가장 효과적으로 자극을 줄 수 있는 것이 책읽기다.

사람들은 보통 블록버스터 영화를 보거나, 게임 등을 하면 정신없이 빠져들기 때문에 스트레스가 풀린다고 생각한다. 오히려 현란한 영상이 두뇌의 측두엽과 후두엽을 강하게 자극해 더 피로해지고 스트레스를 받게 된다.

하지만 독서는 단순히 문자를 보는 것이 아니라, 글이 설명하는 상황을 머릿속에서 상상하고 공감하기 때문에 앞으로 일어날 일을 예상하는 등 보다 복잡한 사고과정이 이루어지기 때문에 전두엽의 발달에 직접적인 자극을 줄 수 있다. 독서를 통하여 뇌를 적극적으로 활용하기 때문에 신경세포가 치밀해지고 넓어져서 두뇌 발달이 활발해진다.

기억력을 증진시키기 위해서는 짧은 시간을 이용하여 유산소운동을 하면 큰 도움이 된다. 유산소운동은 혈액순환을 원활하게 하여 뇌로 가는 산소와 영양공급을 증진시킨다. 또 뇌세포 보호 효과가 있고 스트레스를 줄여주는 일석이조의 효과가 있다.

피로는 집중력을 유지하는 데 큰 장애물이다. 장시간 앉아 있거나 스트레스가 많은 학생들에게 찾아오는 친구다. 피로를 회복하는 방법에는 여러 가지가 있겠지만 식습관만 바꾸어도 상당한 효과를 볼 수 있다.

검은 참깨나 검은 콩, 연뿌리 등은 단백질과 광물성 물질이 많이 들어 있다. 이것을 죽이나 반찬으로 만들어 먹으면 피로를 푸는 데 효과적이다. 음식에는 두뇌를 자극시켜 머리 회전을 원활하게 하고 기억력을 강화시키는 영양소가 들어 있기 때문이다.

수험생들은 아침을 거르는 경우가 종종 있다. 아침을 거르면 뇌세포의 활동이 위축돼 학습능력이나 사고력, 집중력이 크게 떨어지기 때문에 소화가 잘 되는 음식을 챙겨 먹이는 것이 좋다.

뇌는 외부로부터 오는 감각자극을 받아들여 반응하는 과정에서 발달하기 때문에 이때도 오감을 자주 사용하면 뇌가 활발해진다.

아름다운 음악을 듣고, 좋은 그림이나 경치를 감상하고, 부드럽고 맛있는 음식을 먹고, 좋은 냄새나 향기를 맡고, 사랑하는 사람의 손을 만지는 것만으로도 뇌는 활성화되고 노화가 방지된다.

컴퓨터 사용시간이 점점 늘어가고 있다. 컴퓨터 앞에 앉아 있는 시간이 많은 현대인들은 오후가 되면 뒷목이 뻣뻣해지고 어깨가 무거워지고 눈도 건조해지기 일쑤다. 이럴 때 앉은 자리에서 어깨와 목에 힘을 빼고 '도리도리' 하듯 고개를 좌우로 몇 분만 흔들어도 목과 어깨의 뭉친 근육이 풀린다. 눈도 점차 시원해지는 것을 느낄 것이다.

천재도 훈련으로 만들 수 있다. 인지능력은 사람에 따라 얼마든지 계발이 가능하다. 무엇보다 규칙적인 생활을 해야 두뇌활동을 증진시킬 수 있다. 유산소운동으로, 식생활 개선으로, 오감을 자극으로, 이런 지속적인 생활을 통하여 두뇌활동을 증진시켜 천재로 만들어야 한다.

04
기억력을 높여주는 생활습관을 가져라

많은 교육전문가들은 "기억을 잘 하는 사람들의 공통적인 습관은 반복"이라고 말한다. 왜냐하면 반복하여 뇌를 자극하면 해마에서 시냅스라는 신경세포가 강화되기 때문이다. 사람들은 쉽게 잊어버린다. 꼭 기억해야 할 일이 있다면 시간이 덜 지난 뒤 반복하는 것이 가장 효과적인 기억법이다.

매스컴이나 신문광고를 통하여 기억력을 좋게 한다는 광고를 쉽게 접할 수 있다. 유감스럽게도 우리나라에서는 아직까지 기억력을 획기적으로 증가시키는 약은 개발되지 않고 있다. 바람직한 생활습관을 만들어서 기억력을 증진시켜야 한다.

수면만 잘 해도 기억력을 한층 높일 수 있다. 뉴욕 주립대학 피쉬바인 박사는 뇌파가 완만하여 거의 꿈을 꾸지 않는 숙면상태인 서파수면을 포함한 가수면이 창의성과 기억 형성에 많은 도움을 준다는 사실을 실험을 통해 알게 되었다.

기억력을 높이는 방법 중에서 가장 중요한 한 가지 요소가 있다. 불필요한 것을 외우지 말아야 한다는 것이다. 우리의 뇌는 컴퓨터처럼 메모리가 한정되어 있는 것처럼 인간 뇌의 기억력도 어느 정도 용량이 한정되어 있다. 특히 작업 기억의 용량은 한정되어 있다. 따라서 쓸데없는 것을 기억하지 않아도 되기 때문에 기억력을 높이는데 도움이 된다.

다음으로 단서를 활용하면 더욱 효과적이다. 기억할 때 활용하는 중요한 책략 중의 하나는 연상법이다. 연상이란 A를 보면 B가 생각나는 식이다. 집에 도착하면 어떤 일을 꼭 해야 하는데 잊어버릴 것 같을 때, 가지고 다니는 가방에 끈을 매달아 놓거나 휴대폰이 울리도록 해 놓으면 집에 도착했을 때 그 일을 기억해내는 연상법을 말한다.

시각화하는 것도 한 방법이 될 수 있다. 연구 결과에 의하면 인간의 두뇌는 좌우측으로 나뉘어져 있고 언어와 시각을 한쪽 뇌가 아니라 양 뇌가 나누어 맡고 있다. 따라서 좌반구와 우반구를 동시에 사용한다면 그중 하나만 사용하는 것보다 기억효과가 훨씬 더 증대된다.

예를 들면, 만난 사람의 이름을 기억할 때에는 유명한 연예인 이름과 연관하여 기억하면 오래 남을 수 있다. 지명을 외울 필요가 있다면 그냥 외우는 것보다는 지도상 위치를 생각해 가면서 외우는 것이 훨씬 쉬울 것이다. 다소 추상적인 말인지는 몰라도 그림이나 도표 등의 형식으로 이미지화시킨다면 더 기억하기 좋을 것이다.

무엇보다 생활습관을 통하여 기억력을 높여야 한다. 전문가들은 "적당히 쉬고 스트레스를 적극적으로 푸는 것이 기억력 향상에 중요하다."고 말한다. 휴식없이 공부나 일만 할 경우 과중한 스트레스에 의해 뇌에서 글루 코코르티코이드 호르몬이 급격히 늘어나는데 이것이 기억력 회복을 방해한다.

또 이 호르몬은 단기기억이 장기기억으로 저장되는 과정을 방해하는 것으로 알려졌다. 심한 정신적 충격이나 과도한 스트레스는 일시적 기억상실을 일으키기도 한다는 사실을 명심하여야 한다. 평상시 열심히 공부해도 시험시간이 되면 몽땅 잊어버리는 것도 이런 현상 때문이다.

걷기나 달리기 같은 운동을 규칙적으로 하면 기억력이 좋아진다는 것은 누구나 잘 알고 있는 상식이다. 하지만 금주와 금연은 몸에 해롭다는 것은 알고 있으면서 정작 절제하지 못하는 것이 현실이다. 인체 중 술의 영향에 가장 민감한 곳은 바로 뇌이다. 술을 마시면 일단 기분은 좋아지지만 결국 여러 가지 악영향을 미친다.

특히 코골이나 수면무호흡증을 가진 사람에게는 뇌의 산소공급을 현저히 떨어뜨려 뇌세포에 막대한 악영향을 끼칠 수 있다. 또 과도한 흡연은 니코틴에 의한 신경독성 외에도 혈중 이산화탄소 농도 증가, 모세뇌혈관의 혈류 악화를 유발하게 되어 기억력에 좋지 않은 영향을 미친다.

기억력을 높이는 방법은 여러 가지 방법이 있을 수 있다. 하지만 자신에게 맞는 방법을 선택하여 꾸준하게 노력하고 실천하는 것이 더 중요하다. 그리고 많은 시간을 투자하여 기억력을 높이는 방법도 좋지만, 밤에는 서파수면을 통하여 질 높은 수면을 하고 낮에는 생활 속에서 스트레스를 받지 않고 주어진 일에 충실히 하는 것이 기억력을 높이는 최선의 방법임을 명심하여야 한다.

05
잠자고 있는 두뇌를
깨워라

사람의 잠재력은 무한하다. 그러나 안타깝게도 사람들은 자기가 가진 잠재력을 모두 사용하지 못하고 죽는다고 한다. 태어날 때 부모로 받은 잠재력 중 보통 10%만 사용해도 성공한 사람이라고 한다.

천재 아인슈타인도 자기 잠재력을 15%밖에 사용하지 못했다고 한다. 인간이라면 누구나 많은 잠재력을 가지고 있다. 두뇌 발달은 사람에 따라 다르지만, 늦게 발달하는 사람도 있다. 그래서 두뇌를 평생 동안 깨워야 한다는 말이 나온 것이다.

두뇌 발달이 늦어서 책을 잘 읽지 못하고, 단순한 숫자조차 계산하지 못했던 지진아가 세계적인 인물로 선정된 사람도 있다. 바로 영국의 최대 그룹으로 불리는 '버진 그룹' 리처드 브랜슨 회장이다.

그가 엄청난 성공을 이룬 것은 다름 아닌 머릿속의 두뇌만이 아닌 자신의 제2의 두뇌인 내장과 제3의 두뇌인 심장의 지능을 모두 사용하여 자신의 내면의 잠재력을 꾸준히 계발하여 자기와의 싸움에 승리했기 때문이다. 머리 한 개만으로 살아가려는 사람들은 플러스 나인(사람이 사용하지 않는 90%의 잠재능력을 계발하자는 것)을 이루기가 힘들다며, 결국 머리로 버티는 인간은 공룡처럼 사라질 것이라고 말을 했다.

리처드 브랜슨의 성공 원인은 모자라는 두뇌능력을 심장과 내장두뇌의 더 중요하고 영향력 있는 곳에서 잠재능력을 계발한 것이 바로 성공의 시발점이요, 원동력이 된 것이다. 심장신경학 분야의 과학자들은 심장에 자체적이고 고유한 두뇌 세포군이 4만 개 정도 있다는 것을 밝혀냈다.

천재는 단순히 IQ가 높고 낮음에 따라 단순히 판단할 수 있는 것이지, 종합적인 자질을 판단하는 것은 절대 아니다. 지능이 뛰어난 사람은 다른 사람보다 IQ가 높을 뿐 자신의 지혜를 종합적으로 응용할 수 있는 능력을 기르고 잠자고 있는 두뇌를 깨우고 종합적인 지혜를 키우라는 말이다.

잠자고 있는 잠재력을 깨우기 위해서는 매사에 긍정적인 사고를 하고, 리처드 브랜슨처럼 자기계발에 힘써야 한다. 그리고 자기가 좋아하는 일을 스스로 찾아 열정을 가지고 자기 주도적인 삶을 살아야 한다.

자기에게 흥미 있는 일들을 찾아서 하면 무엇인가 성취의욕이 생긴다. 자신을 되돌아보는 피드백 과정을 통하여 자동적으로 잠재능력을 키울 수 있고 자신감을 길러야 한다. 끊임없는 잠재능력을 깨우는 노력이 필요하다. 내가 멈춰 있으면 자신감도 멈추지만, 내가 행동하면 자신감도 움직이기 시작한다.

미국의 스롤리 블로트닉 연구소에서는 1,500명을 대상으로 20년 동안 자신의 직업과 부와의 상관관계를 2개 그룹으로 나누어 설문조사를 하였다. A그룹은 직업을 선택할 때 돈에 주안점을 두었고 자기가 하기 싫은 일은 나중으로 미룬다가 83%를 차지했다. 반면에 B그룹은 돈 문제는 고려하지 않고 자신이 하고 싶은 일을 최우선으로 생각하여 직업을 선택하였는데 17%가 되었다.

이런 결과를 보면 인생의 우선순위를 돈이나 명예에 두는 것이 아니라 자기가 좋아하고 재미있는 일에 두라는 말이다. 또 이들을 20년간 추적하여 조사한 결과 1,500명 중에서 억만장자가 101명이 탄생했다는 것이다. 더 놀라운 것은 10명의 억만장자 중에서 단 한 명을 제외하고는 100명이 B그룹에서 나왔다고 한다.

부자나 성공한 사람들의 공통점은 자신이 좋아하고 재미있는 일을 한다는 특징을 가지고 있다. 자기가 하는 일에 좋아하게 되면 열정이 생기고 창의성이 솟구친다. 또 좋아하는 일을 하면 할수록 자신도 모르게 몸에서 엔도르핀이 나오게 된다. 자신이 좋아하는 일을 하기 때문에 남들이 별 볼일 없는 일이라고 해도 자신은 항상 즐거운 마음으로 살아갈 수 있다.

당신의 몸 안에는 훌륭한 잠재력이 잠자고 있다. 당신이 성공적인 삶을 살기를 원한다면 잠자고 있는 두뇌를 깨워야 한다. 그리고 하고 있는 일에 좋아하고 재미있는 일처럼 하라. 그러면 당신은 훗날 세상에서 가장 아름다운 사람으로 보일 것이다.

06

잠재력은 집중력에서 나온다

  사람은 집중을 하게 되면 신체적이든 정신적이든 더 큰 에너지를 발휘할 수 있다. 이것이 인간이 동물과 다른 능력이라고 할 수 있다. 인간은 컴퓨터의 멀티태스킹처럼 집중력을 분산시키면서 두 가지 이상의 일을 동시에 할 수 있는 것도 이런 이유 때문이다.

  인간의 문명은 집중의 산물이다. 집중력은 주의가 산만하거나 정신적인 혼란을 예방해 주기 때문에 현재의 일에 더 몰입할 수 있는 환경을 만들어 준다. 마찬가지로 개인에게 있어서 성공이란 집중에서 기인한 것이다. 곧 집중은 성공의 중요한 요인이 된다.

  집중력은 학업이나 일을 처리하는데 좌우하는 능력이다. 보편적으로 집중력이 높은 사람이 처리한 일은 질적으로 우수하다. 부모의 성화에 못 이겨 억지로 공부한 학생이라면 10시간을 학습을 해도, 한두 시간 집중하여 공부한 학생보다 좋은 성적을 낼 수가 없다. 바로 집중력 때문이다.

집중력은 과업에 대한 시간의 효율적인 사용을 의미한다. 이 때문에 효과적인 과업의 성취를 이룰 수 있다. 소위 학업이 우수한 사람 중에는 많이 노는 것 같은데도 실제로 반에서 1~2등을 다투는 경우가 있다. 이것은 주어진 시간을 효율적으로 관리하고 사용했다는 증거이다.

무한한 잠재력은 집중력의 산물이다. 누구나 무한한 잠재력을 가지고 태어난다. 그러나 많은 사람들은 안타깝게도 평생 동안 자신이 가진 잠재력을 모두 사용하지 못하고 1% 내지 2%만 사용한다고 한다. 사람들은 태어날 때 받은 잠재력 중 10%만 사용해도 성공한 사람이라고 한다.

천재는 단순히 IQ가 높고 낮음에 따라 단순히 판단할 수 있는 것이지 종합적인 자질을 판단하는 것은 절대 아니다. 아인슈타인이나 발명왕인 에디슨도 어렸을 때는 물리학 성적이 나빠 겨우 낙제를 면할 정도의 성적이었다고 한다. 또 청력을 상실한 베토벤이나 시력을 잃은 헬렌 켈러 등은 일반인보다도 못한 악조건 속에서 끊임없는 노력을 통해 세계적인 위인이 되었다. 바로 숨은 잠재력을 발굴한 인물들이다. 지능과 잠재력은 항상 상관관계에 있지 않다는 것을 기억하라.

잠재력은 집중력에서 나온다. 집중력을 기르기 위해서는 심리적인 안정이 필요하다. 과거에 대한 후회, 쓸데없는 공상 등으로 정신이 산만하면 집중력은 자연히 떨어질 수밖에 없다. 집중력을 기르기 위해서는 갈등이나 고민 등을 해결한 후에 하던 일에 몰입하는 것이 더 효과적이다.

자신이 하고 있는 일에 흥미나 취미를 가지는 것도 집중력 향상에 도움이 된다. 에디슨은 일하는 것이 오락이라고 할 정도로 일을 좋아했다. 그래서 하루에 18시간씩 일을 해도 결코 피곤하지 않았다고 한다. 사람은 누구나 자신이 좋아하는 일을 하면 능률도 향상되고, 집중력도 최대한 높일 수 있는 장점이 있다.

그럼 집중력은 어떻게 높일 수 있을까? 매사에 구체적인 목표와 마감시간을 정해놓고 업무를 처리하면 집중력이 높아진다. 한 마디로 목표의식이 필요하다는 말이다. 물론 마감시간을 정하는 것이 일을 처리한데 불편할 수도 있다.

하지만 마감시간을 정하는 것이 쓸데없는 시간이라든지 불필요한 것을 줄일 수 있다. 마감 시간을 정하는 것은 자신 스스로와의 약속을 지키는 일이기 때문에 어느 정도 습관이 들면 생활에 많은 도움이 된다.

실패는 누구나 경험할 수 있다. 더 많은 노력으로 결과를 바꿀 수 있다는 자신감과 확신을 가질 때 집중력은 최고로 높아질 것이다. 그러나 자신감과 확신이 적은 사람은 타인의 평가에 민감하고 기대했던 만큼 좋은 결과가 나오지 않는 상황에 쉽게 좌절할 것이다. 집중력 증진시키는 데 필요한 첫 번째 비결은 자기 자신을 신뢰한 것임을 잊지 말아야 한다.

사람은 누구나 재미있고 좋아하는 일을 할 때 동기유발도 되고 집중력도 높아진다. 자신 좋아하는 일을 할 때 시간이 더 빨리 흘러가는 것도 이 때문이다.

자신이 하는 일에 집중하라. 그리고 즐거운 마음으로 일하라. 힘들 때는 잠시 쉬어가도 좋다. 적당한 휴식은 집중력을 향상시킬 수 있는 촉매제가 될 수 있다. 집중하는 동안 자신도 모르게 변화된 모습을 발견할 것이다.

07

몸 안에 숨겨진 보물을 찾아라

　인간의 몸속에는 숨겨진 보물이 있다. 바로 달란트다. 사람은 자기 특유의 천부적인 달란트를 가지고 태어난다. 사람이 태어나서 성공하느냐, 실패하느냐는 숨어 있는 달란트를 발굴했느냐, 못했느냐에 따라 인생이 달라질 수 있다.

　우리는 달란트하면 그 사람의 재능이나 소질이라고 막연하게 생각하는 경향이 있다. 그러나 진정한 의미의 달란트란 자기에게 주어진 재능과 소질을 자기 안에 담아두는 것이 아니라 그것을 더 크게 발전시키는 동시에 그만큼 이웃에게 베푸는 것을 말한다.

　"나는 본래 재능이 없어, 아무리 노력을 해도 그 일을 할 수 없어! 그건 머리 좋은 사람이나 할 수 있어." 등으로 자기 자신을 비하하거나 자포자기하는 것은 바람직하지 않은 행동이다. 자신만이 가진 달란트를 소중히 여기고 숨어 있는 달란트를 찾는 노력이 필요하다.

　우리 조상들은 아이가 태어나서 일 년이 되면 '돌잔치' 란 행사를 하였다. 이때 쌀을 잡으면 평생 동안 걱정 하나 없는 유복한 재산가가 되고, 붓이나 책 그리고 연필을 잡으면 문장가가 되거나 공부를 잘하고, 대추를 잡으면 자손이 번성하고, 바늘이나 길이를 측정하는 자를 잡으면 손재주가 뛰어난 사람이 된다는 것으로, 예로부터 조상들은 아이의 달란트를 믿어왔다. 아이의 미래를 점치는 돌잔치는 우리 고유의 행사이며 조상들의 지혜와 삶이 묻어 있다.

달란트하면 비유되는 이야기가 있다. 어느 부자의 주인이 멀리 여행을 떠나면서 데리고 있는 3명의 종에게 그들의 능력에 맞게 각각 재산을 나누어 주었다. 한 종에게는 다섯 달란트를, 다른 한 종에게는 두 달란트를, 나머지 한 종에게는 한 달란트를 나누어 주었다.

다섯 달란트를 받은 종은 그 돈으로 장사를 하여 다섯 달란트를 더 남겼고, 두 달란트를 받은 종 역시 장사를 하여 두 달란트를 더 남겼다. 그러나 한 달란트를 받은 종은 그 돈을 땅 속에 감추어 두었다.

여행에서 돌아온 부자는 종들을 불러 셈을 치렀다. 먼저 다섯 달란트를 받았던 종이 다섯 달란트를 더 가지고 왔다고 말했다. "주인님, 주인님께서 다섯 달란트를 주셨는데 제가 장사를 하여 다섯 달란트를 남겼습니다."라고 말을 하자 부자는 기뻐하며 말을 했다. "잘했구나, 착한 종아. 네가 작은 일에 충성하였으니 이제 내가 너에게 더 많은 것을 맡길 것이다. 그러니 와서 나와 함께 즐기자."

그 다음 두 달란트를 받았던 종이 말했다. "주인님, 당신이 두 달란트를 주셨는데, 두 달란트를 더 남겼습니다." 부자는 몹시 기뻐하며 말했다. "참 잘했구나! 네가 작은 일에 충성하였으니 이제 내가 너에게 더 많은 것을 맡길 것이다. 그러니 나와 함께 먹고 마시자."

마지막으로 한 달란트를 받았던 종이 말을 했다. "주인님이 주신 돈을 잃을까 두려워 달란트를 땅속에 감추어 두었습니다. 이것이 주인님께서 주신 것이니, 이제 다시 받으시옵소서."

하지만 부자의 대답은 좋아할 줄 알았는데 생각보다 냉담했다. "너는 참 게으른 종이구나. 내가 굳은 사람이라는 걸 네가 이미 알고 있었느냐? 이제 저 종에게서 그 한 달란트를 빼앗아 열 달란트를 가진 자에게 주어라."라고 화를 버럭 냈다.

이 달란트가 우리에게 주는 교훈은 너무 크다. 아마도 그것은 주어진 삶을 어떻게 살아야 하는가, 어떻게 해야 자신을 의미 있는 존재로 만들 것인가, 자아를 실현하는 방법은 무엇인가 등에 대한 가르침을 줄 것이다.

누구나 사람은 그 사람만이 가지는 독특한 달란트를 가지고 태어난다. 태어날 때 부모로부터 받은 자신의 달란트를 부단하게 찾아내고 열심히 사용하지 못하면 그냥 묻혀버리고 만다. 대부분 사람들은 자신이 어떤 달란트를 갖고 있는지조차도 모르고 살아가는 것이 문제다.

벤저민 프랭클린도 "달란트를 숨겨두지 말라. 달란트는 쓰기 위해 주어진 것이다."라는 말을 했다. 몸 안에 숨겨져 있는 달란트를 찾는 노력이 필요하다. 자신이 어떤 모습의 달란트를 가지고 있는지 생각해 본 적이 있는가. 보석보다 더 귀하고 아름다운 달란트가 당신의 몸 안에서 잠자고 있다. 몸 안에 있는 달란트를 하루 빨리 찾아내어 아름다운 인생을 만들어 보자.

08

짧은 기지개로 활력을 찾아라

우리 몸은 자주 움직여야 건강하다. 몸 안에는 기혈의 순환이 쉬지 않고 일어난다. 이것이 막히면 피곤하고 몸이 뻐근하고 통증이 오게 되어 결국 병으로 이어진다. 잠을 자고 일어나거나 장시간 의자에 가만히 앉아 있게 되면 졸음이 쏟아지는 것은 움직이지 않는 부위에 혈액순환이 떨어지기 때문이다.

이때 기지개를 펴며 척추가 쫙 펴지면서 눌렸던 신경이 살아나고 쫙 폈던 두 팔의 손가락을 통해서 기를 받게 된다. 손가락엔 기를 받아들이는 삼초경이 지나고 있으면 그 손가락이 반지를 끼는 약지인 것이다. 가슴을 쫙 펴줌으로써 폐에서는 대량의 산소를 받아들이고 이 산소는 혈액에 의해서 온몸 구석구석까지 날라다줌으로써 활력이 생기게 된다.

기지개는 삶의 활력소요, 에너지원이 된다. 아침에 일어나서 기지개를 하다 보면 몸이 부드러운 것을 느낄 수 있다. 학창 시절에 아이들이 졸면 수업을 잠시 멈추고 기지개를 켰던 기억이 있을 것이다. 그때 선생님들은 어떤 이유로 기지개하는 시간을 주었을까? 경직되고 피곤하여 수업에 집중하지 못하는 학생들이 태반이다. 이런 와중에 기지개를 하면 학생들의 몸은 유연해지고 한결 에너지가 솟아 눈은 또렷해진다.

기지개를 하면 몸에는 어떤 변화가 일어날까? 가슴을 활짝 펴면 우리 몸의 폐에서는 대량의 산소를 받아들이고, 이 산소는 혈액에 의하여 온몸 구석구석까지 순환이 되어 자동적으로 활력이 생기게 된다.

이런 과정을 통하여 몸에서는 활동에 소요되는 에너지가 만들어지기 때문에 졸음이 오지 않는 것이다. 한마디로 기지개는 순간적으로 많은 공기를 폐에 확보하게 되어 졸음을 막는 역할을 한다.

졸린 상태라면 정신을 집중하더라도 호흡량이 상대적으로 줄게되어 시간이 갈수록 학습능력이 떨어지게 된다. 이때 허리와 가슴을 곧게 펴고 기지개를 하면 심폐기능이 활발해지면서 뇌에 충분한 산소가 공급되어 맑은 정신으로 하는 일에 몰입할 수 있고 집중력도 최상위로 끌어올릴 수 있다.

이러한 운동은 장시간 의자에 앉아 있는 학생들에게도 많은 도움이 된다. 장시간 의자에 앉아 있으면 척추에 무리한 부담이 가중되기 때문에 자세가 흐트러지면서 근육이나 관절이 경직되게되어 몸의 피로를 빨리 느끼게 된다. 이럴 때 기지개를 켜면 몸이 하늘로 날아가는 것처럼 개운함을 느낄 수 있을 것이다.

우리 몸의 근육은 적절한 자극이 없으면 능력이 저하되고 자연적으로 수축되어 탄력을 잃게 되고 굳어버리게 된다. 오랜 시간 동안 같은 자세로 일하여 근육이 긴장될 때나 반대로 운동으로 근육을 격렬하게 사용하는 경우에도 근육이 수축되어 단단하게 굳어진다.

그래서 근육을 이완시켜 주는 적절한 자극이 필요하다. 이를 위해 신진대사를 활발하게 하고 근육의 탄력을 높여주는 것이 바로 스트레칭이다. 운동선수가 아니더라도 스트레칭을 자주하는 것이 건강에 좋다.

스트레칭을 하면 근육이 부드러워지기 때문에 혈액순환에 도움이 되고 몸은 유연성을 높이게 된다. 유연한 몸은 다양한 동작을 부드럽게 해 줌으로써 움직이거나 활동하는데 신체의 부담을 줄여준다.

기지개는 스트레칭의 하나이다. 시간 때문에 멀리 나갈 수 없는 상황이라면 그 자리에서 기지개를 해 보자. 기지개를 하지 않는 것보다 기지개를 하는 것이 건강을 유지하는데 몇 배의 효과가 있다.

누군가는 매일 바쁘고 힘든 하루하루를 살아가는데 무슨 기지개를 할 시간이 있느냐고 반문할지도 모른다. 하지만 자기 몸을 생각한다면 기지개는 결과적으로 자신의 건강을 위한 것이다. 하루에 5분도 아니고 '5초'를 투자하여 건강한 몸을 유지할 수 있다. 바쁘다고 못한다는 말은 너무 지나친 표현이 아닐까 한다. 그만큼 자신을 챙기지 않는 것이 아닐까.

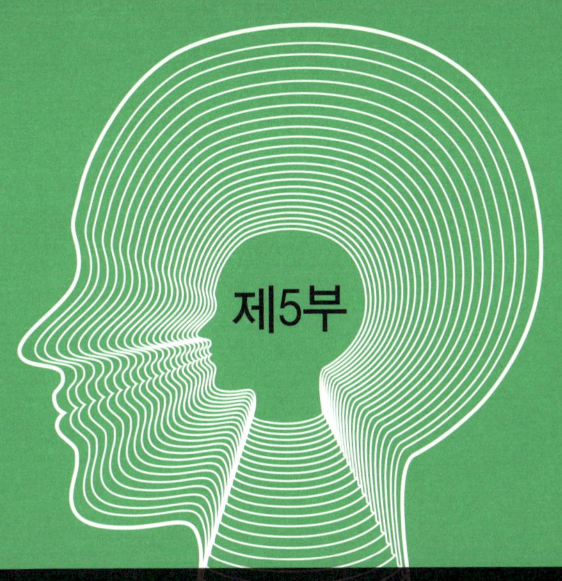

제5부

두뇌를 활용한
실용지능을 높이는 기법

01
메모하는 습관을 가져라

인간의 기억력은 그리 길지 않다. 이것이 바로 메모를 하는 이유이다. 인간 두뇌의 기억장치에 새로운 정보를 저장하는 것은 몇 초밖에 걸리지 않는다. 새로운 정보를 처리하고 아무리 머리가 좋은 사람이라 하더라도 이미 저장된 정보를 불러오는 능력은 매우 제한되어 있기 때문이다.

우리는 메모를 통하여 머릿속 뿐만 아니라 일상을 정리해 준다. 바쁠 때는 크고 작은 일이 정리되지 않은 채 뒤섞여 있어 머릿속이 혼란스럽다. 이것이 해결되지 않고 그대로 방치하면 스트레스가 쌓여 일의 능률이 떨어진다.

메모를 하는 이유는 잊지 않기 위해 메모하기보다는 잊기 위해 메모한다고 한다. 메모를 하면 다시 머릿속에 기억할 필요가 없고 필요한 때 메모지를 보면 되기 때문이다. 보통 메모는 순간 떠오르는 느낌이나 발상을 기억하기 위해서다.

노래방 기기의 탄생은 우리에게 노랫말을 힘들게 외워 부르지 않아도 되게 만들었다. 또 귀찮게 전화번호를 외우지 않아도 되는 아주 편리한 세상이 되었다. 하지만 우리의 뇌를 활용하는 영역이 줄어들게 되고 기억력이 점점 쇠퇴되어 안타까운 현실이다.

이러한 발달로 사람의 뇌는 사용하는 빈도가 줄어들어 기억력이 쇠퇴하기 시작하고 메모의 소홀로 기억 용량이 줄어드는 아쉬움을 남기게 되었다. 우리가 죽을 때까지 사용하는 기억력은 실제 가진 기억 능력의 10%에도 미치지 못한다.

기억하는 방법도 많이 달라졌다. 과거의 종이문화가 디지털문화로 바뀌어 필기 또는 메모가 별 필요 없는 일처럼 벌어지고 있다. 휴대폰이나 노트북 등 각종 편리한 전자기기가 발달하여 메모하는 것을 소홀해지고 있다. 버튼 하나만 누르면 기계 속에 저장된 정보가 발로 눈앞에 뜨니 굳이 힘들게 기억할 필요가 없어지게 되었다.

기술의 발달로 인간의 생활이 편리해지는 면도 있지만 과거에 비해 부족한 것이 발생하게 되었다. 바꾸어 말하면 메모의 부족이 사람 지능의 후퇴를 가져올 수 있다는 말이기도 하다.

인간의 몸은 종이 위에 밀착하는 것에 친밀한 속성을 가지고 있다. 쓰면서 기억하는 능력은 단지 키보드에 타격의 동작으로 치면서 기억하는 능력보다 월등한 것이다. 이 차이는 인간의 생물학적인 특성과 관련이 있다. 여기서 종이 위에 메모하는 것이 월등하게 뇌의 발달을 돕는다.

메모를 왜 하는가? 인간은 망각의 동물이다. 흔히 잊지 않기 위해서 메모한다고 한다. 메모는 기억의 수단인 동시에 사람의 생각을 구체화시켜 주는 역할을 한다. 그래서 메모장에 쓴 내용은 오래 기억할 수 있는 이유도 바로 이 때문이다. 기록을 계속하면, 즉 메모를 생활화하면 기억력은 날로 좋아질 것이다.

메모하는 습관을 가지면 학습 증진에 많은 효과가 있다. 메모는 기억을 하는 동시에 자신의 생각을 구체화시키는 학습 수단이 된다. 극도의 짧은 시간에 이루어지지만, 짧은 순간에 두뇌는 대화의 기능을 수행하기 때문이다.

또, 메모를 하면 습관이 바뀐다. 아침에 일어나 하루 일을 계획하고, 자기 전에 하루 있었던 것을 반성하는 것은 성공의 중요한 습관이 될 수 있다. 그냥 머릿속으로 계획하는 것과 펜으로 쓰면서 계획하는 것은 많은 차이가 있다.

최근 들어 노트북이나 휴대전화 등의 각종 첨단 기기의 사용으로 디지털 치매가 늘어가고 있다. 어느 때에는 집 전화번호가 생각나지 않는 황당한 경우가 있다. 다행이도 치매는 아니라고 한다. 디지털 치매는 뇌세포가 손상되는 것이 아니라, 디지털 기기가 대신 기억을 해 주기 때문에 집중력이 떨어지는 것은 너무나 당연하다.

평소 뇌를 많이 사용하는 습관을 길러야 한다. 전문가들은 인터넷에서 기사를 검색하는 것보다는 신문이나 잡지를 찾아 필요한 내용은 직접 손으로 쓰고, 친한 친구들의 생일이나 전화번호 같은 것은 외워 두면 기억력 향상에 도움이 된다고 조언한다.

다소 역설적인 표현이 될지 모르지만 메모는 잊지 않기 위해서 메모를 하기도 하지만, 잊기 위해서 메모를 하기도 한다. 인간의 두뇌는 한계가 있는데 많은 양의 정보를 기억하려고 하다 보면 오히려 스트레스만 받게 될 것이다. 기록하고 바로 잊어버려라. 어떤 측면에서든 메모는 현대인에 자신의 가치를 한 단계 업그레이드시키는 유형무형의 자산이 될 것이다.

떠오르는 즉시
메모하라

　좋은 아이디어는 쉽게 잊어버리기 마련이다. 인간의 두뇌가 한 번에 처리할 수 있는 정보량은 약 일곱 자릿수에 불과하다는 것을 생각해 보자. 인간의 기억장치에 새로운 정보를 저장하는 것은 짧은 시간에 이루어진다. 새로운 정보를 처리하고 이미 저장된 정보를 불러오는 능력은 제한되어 있다.

　잠시 떠올랐던 기억이나 좋은 생각은 메모지나 컴퓨터, 심지어 핸드폰 같은 매개를 통해서 저장한다면 언제든지 꺼내어 활용할 수 있을 것이다. 인간은 컴퓨터가 아닌지라 어제의 좋은 생각이 그대로 오늘까지 계속 남아 있는 것이 아니다.

　사람은 수많은 상념 속에 살고 있기에 훌륭한 아이디어도 짧은 순간에 스쳐간다. 그래서 그때그때 떠오르는 아이디어를 잡아야 할 필요가 있다. 자신의 것으로 보존할 필요가 있기 때문이다.

　많은 사람들은 "훌륭한 아이디어라면 잊어버릴 리가 없을 테니까 굳이 메모하지 않아도 된다."라는 생각을 많이 한다. 절대 그것은 잘못된 생각이다. 아무리 좋은 아이디어라도 메모해 두지 않으면 금방 잊어버린다. 그래서 메모를 즉시 하는 이유이다.

사람의 기억체계는 컴퓨터의 기억장치와 비슷하다. 크게 단기기억과 장기기억으로 나누어진다. 단기기억은 어떤 사안에 대한 정보를 몇 초에서 최대 몇 분까지 유지한다. 놀랍게도 단기기억 내에 어떤 정보가 떠 있는 시간은 불과 18초에 불과하다고 한다. 반면 단기기억은 아주 적은 용량이지만 장기기억은 매우 큰 저장 용량을 갖고 있다.

단기기억은 5~7개의 정보만을 처리할 수 있다면 장기기억은 일단 저장되고 나면 없어지지 않고 계속 남아 있는 일종의 기억창고를 말한다. 자신의 이름이나 집 전화번호 같이 한번 기억하면 잘 잊어버리지 않는 것은 장기기억의 좋은 예이다.

단기기억은 오랫동안 반복적으로 학습하면 자동적으로 장기기억으로 바뀐다. 젓가락질을 하거나 자전거를 타거나 피아니스트가 피아노를 외워서 치는 것은 모두 장기기억 회로를 활용하는 것이다.

하지만 대부분의 기억들은 감각기억을 통한 단기기억이 많다. 그래서 우리 일상생활에 메모의 필요성이 대두된다. 역사상 위대한 사람들은 메모하는 습관이 배어 있다. 그들은 머릿속에 떠오르는 생각은 뭐든지 기록했다.

미국 자동차업계의 전설적인 경영인 아이어코카도 메모를 잘하기로 유명하다. 어느 분야에서든 성공한 사람들을 보면 머릿속에 떠오르는 아이디어를 그때그때마다 적는 습관이 몸에 배어 있다.

바로 메모를 하지 않으면 잊어버리기 때문이다.

떠오르는 즉시 메모한 것과 관련된 유명한 일화가 있다. 불후의 로큰롤 명곡으로 손꼽히는 키스 리처드스의 〈Satisfaction〉의 테마 악절과 관련된 것이다. 한밤중 깊은 잠에서 깨어난 키스 리처드스는 머릿속에 갑자기 그 곡의 테마 악절이 맴도는 것에 희열을 느꼈다. 그래서 그는 근처에 있던 소형 녹음기 버튼을 누르고는 멜로디를 흥얼거렸다. 다음날 잠에서 깨어난 그는 베개 위의 녹음기를 발견하고는 의아히 여기면서 이렇게 같이 말했다.

“이게 왜 여기에 있는 거지?”

“이곳에 없었던 녹음기가 어떻게 여기에 있지.”

그는 간밤에 떠오른 악절을 녹음기에 녹음했다는 사실을 잊고 있었다. 기억을 더듬어 보아도 녹음기가 베개 위에 있는 이유를 알 수 없었다. 그는 호기심에 녹음기를 집어 되감아 보았다. 〈Satisfaction〉의 첫 소절이 녹음되어 있는 것이 아닌가? 그는 되감기를 하며 첫 소절을 반복해서 들었다. 실질적으로 그 첫 소절은 녹음한 내용의 짧은 부분이었다. 45분 동안 코 고는 소리뿐인 것을 보면 소음 속에서 만난 화음인 셈이었다. 키스가 무심코라도 녹음을 하지 않았다면 우리는 영원히 〈Satisfaction〉을 듣지 못했으리라! 이런 것을 보면 떠오르는 즉시 메모하는 것의 중요성이 얼마나 큰 것인지 알 수 있다.

인간의 기억은 유한하다. 그렇기 때문에 순간 포착이 필요하다. 아이디어가 따로 창고가 정해져 있는 것이 아니다. 많이 보고, 많이 듣고, 한 번 더 생각하다 보면 자연히 아이디어가 떠오르기 마련이다. 그 아이디어를 자신의 것으로 만들어 활용하는 과정에서 자신의 큰 자산이 될 수 있다.

이처럼 메모는 그때그때 흔적을 남기는 것이 중요하다. 성공한 사람들을 보면 머릿속에 떠오르는 아이디어나 생각을 메모하는 습관이 배어 있다는 사실을 다시 한 번 명심하자.

03
메모로 효율적인 시간을 관리하라

인간은 과연 공평할까? 재산, 신분, 그런 것은 논외로 하더라도 공평한 것이 하나 있다. 그것은 다름 아닌 시간이다. 누구에게나 공평하게 하루 24시간 주어지지만 활용 양상도 다르고, 결과도 다르다. 바로 주어진 시간을 어떻게 관리했느냐에 따라 인생이 달라진다.

성공적인 삶을 살아가기 원한다면 시간을 효율적으로 관리하는 데 있다. 그래서 시간을 관리하는 수단이 있어야 한다. 이때도 메모는 필수다.

때를 놓치면 안 된다. 오늘 해야 할 일을 메모로 출발해야 한다. 오늘 할 일이나 이미 약속된 일은 우선시되어야 한다. 또 갑작스런 비상시의 일도 대비하여야 한다. 항상 마우스 옆에는 메모지와 필기도구가 준비되어 있어야 한다. 그리고 약속된 일은 평소 10분 전에 준비하고, 10분 전에 마무리하는 습관을 길러야 한다.

가능한한 즉시 처리하라. 메모, 편지, 보고서 등이 당신의 책상 위에 도착했을 때 나중에 처리하기 위하여 서랍 속이나 책상 위에 두지 말아야 한다.

처리하지 않고 미뤄둔 일은 그것을 잊어버리지 않기 위해 자주 확인하고 기억해야 하기 때문에 불필요한 시간의 낭비를 초래한다. 자동응답기의 메시지든, 우편물이든, 숙제든, 언젠가 할 일이라면 즉시 처리해야 한다. 즉시 처리가 어려운 일이라면, 메모를 해 두지 않으면 금방 잊어버린다.

재사용이 가능한 글이나 프로그램을 만들어라. 최근 컴퓨터 사용이 증가하면서 쪽지 기능이나 워드프로세서로 문서를 작업하는 일이 많아졌다. 매일 바쁜 생활을 하다 보면 다이어리나 쪽지에 일일이 적어도 정작 약속시간을 기억하지 못하거나 약속날짜가 중복되는 경우가 종종 있다. 표를 만들어진 엑셀 프로그램을 만들면 쉽게 수정이 가능하고 데이터의 계산도 빠르기 때문에 유용한 프로그램이 될 수 있다.

인터뷰나 탐방, 다른 회사와의 미팅이 있을 때 커다란 A4용지나 노트를 꺼내어 필요한 내용을 적는다면 상담이 생각보다 늦여질 수 있다. 또한 새로운 아이디어나 좋은 기획 등이 길 가다가 생각났는데 막상 메모지나 필기도구가 없어서 잊어버리는 경우가 종종 있다. 요즘은 음성녹음기나 핸드폰, PDA, 노트북 등으로 필요한 정보를 실시간으로 정리해 저장하면 많은 도움이 된다. 회의나 미팅 때 이러한 도구를 활용한다면 회사에 돌아가서 다시 재작성하는 번거로움이 줄어들 것이다.

매주 초에, 그 주에 해야 할 목표들의 목록을 작성하라. 계획이 너무 크면 그것을 미루게 되므로 계획들은 보다 작고, 실행에 옮길 수 있도록 하라. 그리고 마감시간을 결정하라. 하고 싶은 모든 일을 스케줄에 포함시키지 말라. 자신이 꼭 해야 할 중요한 일들만 스케줄에 포함시켜 언제나 실행 가능한 습관을 갖는 것이 무엇보다 중요하다.

메모는 계획표대로 실천하는 계기를 만들어 준다. 대부분 메모를 하지 않고 하루를 보낸다. 메모를 생활화하고 실천하는 습관이 되면 시간을 낭비하는 일은 자연히 줄어들게 된다. 계획표는 나침판과 같은 역할을 하여 시간 낭비를 막아준다.

계획표를 만드는 것도 중요하지만, 그 계획표를 잘 실천했는가 확인하는 것이 더 중요하다. 이때 메모하는 것도 필수다. 메모를 통하여 얼마나 시간을 잘 활용하고 있는가를 스스로 점검할 수 있다. 이것 때문에 메모를 하는 이유인지 모른다.

시간을 잘 운영하는 첫 단계는 당신의 시간 이용을 감찰하는 것이다. 최근 며칠 동안의 활동들을 모두 적고 각각의 활동에 투자한 시간을 기록하는 일이다. 그리고 생산적인 활동과 비생산적인 활동에 투자된 총시간을 확인하라. 그리고 시간을 효율적으로 사용하기 위한 어떤 활동을 자제해야 되는지를 스스로 찾아야 한다.

하루가 끝나거나, 하루가 시작될 때면 반드시 몇 분 동안 정리하는 습관을 들여라. 하던 일이 끝났을 때 뒷정리를 개운하게 하면 일의 진척 정도를 눈으로 확인할 수 있어서 기분이 좋아진다. 온갖 자료를 이곳저곳에 놓은 상태로 퇴근하면 다음날 즉각적으로 일에 착수할 수 없다. 그날 일을 끝났을 때 10분 동안 정리를 하면 다음날 아침 일을 시작할 때 30분 이상 시간을 벌게 될 것이다. 현대인에게 시간활용은 성공으로 가는 지름길이라는 것을 명심하여야 한다.

04
손을 자주 사용하면 머리가 좋아진다

손을 많이 움직여야 머리가 좋아진다. 그만큼 사람의 손을 통해 두뇌가 발달된다. 과연 손의 활용은 두뇌의 발달과 어떤 관계가 있을까? 물론 손과 두뇌는 아주 깊게 연관되어 있다. 아이가 자라나는 것을 잘 떠올려 보면 알 수 있다. 아이가 자란다는 것은 매우 복합적인 의미를 담고 있다.

손가락이 길어지고, 손을 흔들어 '빠이빠이'를 할 수 있는 것도 두뇌의 발달을 보여주는 위대한 증거가 된다. 인간의 신체 중에서 감각이 활성화되어 있는 부분은 무엇보다도 손이기 때문이다. 근래에 각종 문화센터에서 아기 엄마들에게 인기가 있는 프로그램을 보면 손을 이용한 유희나 게임이 많은 것을 보면 알 수 있다. 아이에게 있어 신체와 두뇌는 함께 발달하는 것이기 때문에 아기 엄마들이 열을 내는 것도 당연한 일이다.

우리 몸은 대뇌 운동중추의 30%가 손과 관련 있을 만큼 손과 뇌는 깊이 연관되어 있다. 그래서 손을 '제2의 뇌'라고도 한다. 손가락 운동은 우리 몸의 정상적인 활동을 돕는다. 손을 많이 움직이면 신경세포가 자극을 받아 신경세포 사이를 연결하는 시냅스가 생기고 시냅스가 점차 두꺼워져 뇌 기능을 향상시켜 주기 때문이다.

똑같은 손 움직임을 반복하는 것은 큰 도움이 되지 않는다. 두뇌는 새로운 것을 좋아한다. 새로운 것을 시도할 때 뇌가 더 많은 자극을 받는다. 또 평소 잘 쓰지 않는 손을 사용하려고 노력하고 뒤로 걷기, 앞으로 걷기 등 평소 잘 쓰지 않는 손을 사용하려고 노력을 해 봐라. 안 쓰는 뇌 영역을 활성화하는 좋은 방법이 될 것이다.

손을 움직이는 것은 두뇌를 자극하는 데 대단히 중요하다. 손의 세포는 대뇌 전체와 연결되어 있다. 펜필드의 소인간이라는 사진을 보면 손이나 혀에 관계된 신경세포가 상당히 많다는 것을 알 수 있다. 손을 많이 사용하면 손의 풍부한 신경세포가 자극을 받아 뇌가 활성화된다.

아이의 뇌는 신경세포는 있지만 어른과 달라 이를 연결시켜 주는 시냅스가 발달하지 않아서 매우 엉성한 구조를 갖고 있다. 신경세포의 회로는 만 3세까지 가장 활발하게 발달된다. 시냅스가 정교하게 발달해야 외부로부터 받아들이는 정보를 신속하게 두뇌 곳곳에 전해 줄 수 있다.

몸놀림이 활발하다는 것은 그만큼 의욕적이라는 뜻이다. 또 왕성하게 사물을 배워 나갈 수 있다는 것을 의미한다. 반대로 한 장소에서 오래 머무르거나 얌전한 사람은 그만큼 운동량이 적어지기 때문에 상황대처능력이 떨어져 두뇌 발달이 뒤떨어질 수 있다.

따라서 만 3세 이전에 시냅스가 활달히 발달할 수 있도록 많은 자극을 주면 두뇌 발달에 많은 도움이 된다. 그중에서 가장 효과적인 방법 중의 하나가 손가락을 통한 자극이 가장 좋은 방법이다. 두뇌와 신체는 서로 밀접하게 관련되어 있다. 하루하루의 운동량과 두뇌활동 역시 매우 긴밀하게 연결되어 있다.

손의 발달은 두뇌 용량의 증가를 가져왔다. 두뇌 용량의 증가는 지적인 사고능력을 키워준다. 손이 있어야 추상적인 사고를 할 수 있고 의문을 제시하고 풀어나가는 능력을 가지게 된다. 어린 아이는 손으로 물건을 잡으면서 사물을 이해하기 시작한다.

밥을 먹을 때 젓가락을 쓰게 되면 머리가 좋아진다. 최근 식생활이 서구화되면서 젓가락질을 못하는 아이가 늘고 있다. 집에서나 학교에서 숟가락이나 포크만을 사용하는 학생들이 늘고 있다. 어느 조사에 의하면 젓가락질을 하지 못하여 책가방에 포크를 넣고 다니는 학생들이 많다고 한다. 지적 발달이라는 측면에서 좋지 않은 현상이다.

인간의 신체 기능은 머리에서 엉덩이로, 중추에서 말초를 향해 발달하므로 손이야말로 두뇌의 발달을 가장 상징적으로 보여주는 지표이다. 아이의 손놀림을 더욱 활발히 할 수 있는 도구가 바로 젓가락이다.

손놀림이 활발한 사람은 두뇌의 움직임도 활발하다. 헬스나 다른 운동을 하지 않아도 앉아서 손만 폈다, 오므렸다 하는 것만으로 충분한 운동이 된다. 손가락 자극은 우뇌의 자극으로 이어지므로 손가락질이야말로 일상생활에서 쉽고도 자주 할 수 있는 '두뇌 체조'가 되는 셈이다. 이제는 손에서 포크를 멀리하고 젓가락을 많이 사용하여야 한다.

일상생활 속에서 손을 많이 사용하라. 요즘에는 집안일을 엄마가 맡아서 주로 처리한다. 예전과는 비교할 수 없을 만큼 경제 사정이 좋아진 이유도 있지만, 입시와 경쟁시대를 살아가는 아이에게 조금이라도 더 공부할 시간을 많이 주려는 부모의 배려도 한 몫을 하기도 한다.

바로 우리의 손에서 건강이 시작된다. 제대로 손을 알고 손을 관리하는 것이 건강의 시작이 있는 셈이다. 손은 단순하지가 않다. 우리 손은 인체의 축소판이라고 할 정도로 중요한 역할을 한다. 그리고 악수를 할 때 손은 자신의 감정과 신뢰를 전달하는 커뮤니케이션 수단이기도 하다. 손이 아름답고 건강할 때 그만큼 자신감도 커지게 될 것이다. 손을 자주 움직이는 사람만이 건강하다는 사실을 기억하자.

05 스스로 유머감각을 키워라

유머감각은 어느 정도 타고난 사람도 있지만 대부분 연습과 훈련을 통하여 발전된다. 과거에는 다른 사람을 웃기면 실없는 사람으로 여겼지만, 지금은 유머감각은 그 사람의 또 다른 능력으로 평가되어 인간관계에 있어서 매우 중요한 자산이 된다.

유머감각을 어떻게 키울 수 있을까? 남을 웃기기 위해서는 기본적인 밑천이 필요하다. 밑천이란 다양한 유머를 머리에 담고 있거나 평소 재치 있는 말솜씨를 갈고 닦아야 한다. 유머러스한 사람이 되기 위해서는 여러 가지 노력을 하여야 한다.

유행하는 유머는 메모를 하여 보관하거나 기억해 주어야 한다. 유머는 하늘에서 그냥 떨어지는 것이 아니다. 일상 속에서 고정관념을 과감하게 탈피하면 자연적으로 유머가 만들어진다. 남들이 상상하지 못하고 엉뚱한 것에서 좋은 아이디어가 나온다. 그래서 매번 아이디어가 떠오를 때마다 수첩에 적고 정리해야 한다. 독특한 간판, 새로운 광고에서 아이디어를 얻을 수 있다. 요즘은 신문이나 인터넷 유머 사이트에 들어가면 유행한 유머가 다 들어 있다.

평소 재미있는 유머를 기억해 두는 노력이 필요하다. 그래야 각종 모임에서 멋지게 유머 한 방을 날릴 수 있다. 물론 유머를 많이 안다고 다 재미있게 말하는 것은 아니다. 자신만의 특유한 노하우를 가져라. 연예인들만 개인기가 필요한 것은 아니다. 주부들도 자신만의 개인기가 있다면 모임이나 사람이 많은 장소에서 돋보일 수 있고 그 조직의 리더가 될 수 있는 기회를 만들어 줄 것이다.

토크쇼나 개그맨들이 출연하는 프로그램을 많이 봐라. 유머감각이 가장 뛰어난 것은 바로 개그맨이다. 개그맨들은 다년간의 경험으로 유머감각이 몸에 배어 있어 사람들은 웃게 만드는 타이밍과 포인트를 어느 누구보다 잘 알고 있다. 유명 개그맨들의 이야기를 듣고 어떻게 반응하는지 주의해서 보면 유머감각을 기르는데 많은 도움이 된다.

웃기는 사람을 실없는 사람으로 여기는 시대는 지나갔다. 무엇보다 유머있고 인간관계를 잘하는 사람이 출세하고 성공하는 것이 오늘의 현실이다. 이런 사람들은 말솜씨부터 다르다. 사람을 처음 만났을 때 상대방에게 호감이 가는 유머 한마디를 하여 분위기를 띄운다면 좋은 인상을 가질 수 있다. 유머 한마디가 열 마디 스무 마디 말보다 힘이 있고, 열 배 백 배 자신을 돋보이게 할 것이다.

상대방의 관심거리를 파악하는 것도 호감을 갖는 방법이 될 수 있다. 유머도 일종의 대화이기 때문에 서로의 관심사를 이야기할 때 소통이 잘되기 마련이다. 상대방이 관심이 집중되지 않으면 분위기가 서먹하고 웃음이 나올 수 없다. 상대방이 주부라면 아이들 교육이나 남편 이야기를 하고, 직장 상사라면 사회적인 이슈를 이야기하는 것이 좋다. 똑같은 유머라도 상대방이 누구냐, 타이밍에 맞춰서 유머를 터뜨리느냐에 따라 웃음소리는 크게 달라질 것이다.

앞으로 미래 사회는 유머가 풍부한 사람을 요구한다. 삼성경제연구소에서 CEO회원들을 대상으로 실시한 설문조사에도 비슷한 결과가 나왔다. CEO의 80%가 '유머 있는 직원을 우선 채용하고 싶다.'고 밝혔다. '유머감각은 직장 내 인간관계 뿐만 아니라 팀 분위기를 이끌어 가는 활력소가 된다.'는 사실을 의미하는 것이다.

이처럼 유머감각은 이제 개인적인 특기를 떠나 점차 사회생활의 성공요소로 자리를 잡아가고 있다. 또한 유명 경영자 627명을 대상으로 설문조사한 결과 'CEO라면 마땅히 즐거움을 주는 엔터테이너가 되어야 한다.'는 응답이 89%, '개인기를 연마하기 위해 혼자서 연습을 한 적이 있다.'고 49.9%, '회사를 위해서라면 철저히 망가질 수 있다.'는 응답도 70.2%에 달했다.

펀(fun)하게 잘 노는 사람이 일도 잘한다. 한 가지 일에 미치며 몰입하는 사람이 어떠한 일을 하더라도 자기가 맡은 일에 최선을 다한다. 재능 있는 사람은 노력하는 사람 못 따라가고 노력하는 사람은 즐기는 사람 못 따라가는 원리와 같다. 펀 경영이 힘을 갖는 이유도 이 때문이다.

자신만의 메모법을 개발하라

메모는 어디에서나 생각이 나면 적을 수 있어야 한다. 그래서 항상 기록을 남길 수 있는 도구를 휴대하거나 비치해 두어야 한다. 포스트잇도 좋고, 녹음기나 조그마한 메모장도 좋다. 포스트잇은 언제 어디서나 사용하기에 편리하고 테이프나 압정 없이도 사용하기 편리하다.

휴대폰은 사실 메모하기에 좋은 장비는 아니다. 의외로 휴대폰으로 문자를 입력하는 것은 느리고, 또 머리를 짜내는 작업이다. 문자를 입력하는데 신경을 쓰다 보면 메모할 내용을 까맣게 다 잊어버리는 경우가 종종 있다. 그냥 종이와 펜으로 메모하는 것은 가장 좋은 메모법이다.

잘 써지는 펜과 맘에 드는 메모지나 공책을 준비하면 된다. 펜은 노크식으로 0.7mm에서 1.0mm정도가 되어야 어디서나 빠르고 쉽게 필기할 수 있다. 너무 얇은 펜은 펜촉이 약해서 급하게 빠르게 적어내기에는 불편하다.

메모는 자신의 생각을 기록하기도 하지만 상대방이 말한 내용을 남기는 경우도 많다. 자신의 생각이나 궁금한 사항을 추가해 넣거나 메모한 내용을 구분하기 쉽게 하기 위해서는 컬러펜이나 멀티펜을 준비하는 경우도 있다. 검정색 잘 써지는 볼펜이나 플러스펜을 준비하는 것이 좋다. 일단은 떠오른 생각을 즉시 적어 놓는 것이 중요하기 때문이다.

연필을 사용하면 고칠 수 있다는 장점도 있지만, 쉽게 부러지기 때문에 결코 좋은 도구는 아니다. 아무튼 언제 어디서나 반사적으로 종이와 펜을 꺼내어 떠오른 아이디어나 생각을 적는 것이 몸에 배도록 하는 것이 포인트다.

프랭클린 플래너 이성민 씨는 메모법을 강의할 정도로 스케줄의 달인이다. 현재 대형 서점에서 성공 비즈니스맨들을 대상으로 메모법을 강의하고 있다. 컬러펜을 사용하여 하루의 스케줄을 한눈에 볼 수 있다고 한다. 메모방법도 독특하다.

파란색은 회사에서 정해진 스케줄, 녹색은 회의 스케줄, 붉은색은 개인 스케줄 등 컬러펜을 사용해서 오늘 하루 벌어질 일들을 시간대별로 정리한다. 오늘 어떤 업무를 해야 하는지, 개인적으로나 어떤 스케줄이 있는지 한눈에 쉽게 알아볼 수 있다.

기호와 약자를 사용하여 업무에 우선순위를 정하고 시간관리도 효율적으로 한다. 여기서 필요한 것이 기호와 약자다. 오늘 해야 할 일을 다이어리에 적는다. 반드시 해야 할 일은 A, 중요한 적은 B, 연기해도 무방할 일은 C로 표시한다. 알파벳 옆에도 중요한 순서에 따라 숫자를 적어둔다. 일이 완료된 것과 진행 중인 것, 다음

으로 미뤄야 할 일도 표시하면 업무상 놓치는 일들이 눈에 띄게
줄어든다.

기록보다 기억을 높이는 방법은 없다. 기억은 쉽게 잊어버리고
훼손될 수 있지만 기록은 사실 그대로를 되살려낸다. 뇌를 움직
이는 메모의 저자 사카토 겐지는 메모를 함으로써 뭐든 다 기억
하려 애쓰지 않아서 창의적 발상이 가능해진다고 주장했다. 메모
를 통해 기억력을 되살리고 두뇌를 활성화하는 계기가 된다.

600여 권을 저술한 다산 정약용 역시 메모로 유명하다. 18년의
유배생활을 한 글 쓰기로 유명한 메모의 천재였다. 그의 메모하
는 5가지 방법을 소개하면 다음과 같다.

1. 책을 읽을 때에는 왜 읽는지 주견을 먼저 세운 뒤 읽고, 눈으로
   읽지 말고 손으로 읽어라. 부지런히 초록하고 기록해야 생각이 튼
   실해지고 주견이 확립된다. 그때그때 적어주지 않으면 기억에서
   사라진다. 당시에는 요긴하다 싶었는데 찾을 수가 없게 된다.

2. 늘 고민하고 곁에 필기도구를 놔 둔 채 깨달음이 있으면 반드시
   기록하라.

3. 기억을 믿지 말고 손을 믿어 부지런히 메모하라. 메모는 생각의
   실마리, 메모가 있어야 기억이 복원된다. 습관처럼 적고 본능으
   로 기록하라.

4. 평소 관심이 있는 사물이나 일에 대해 세세히 관찰해 기록하고
   거기에 의미를 부여하라.

5. 메모 중에서 쭉정이는 솎아내고 알맹이를 추려 계통별로 분류하

메모를 습관화하면 귀중한 자산이 된다. 메모하는 방법에는 여러 가지가 있다. 무엇보다 중요한 것은 자신에게 맞는 메모법을 개발하여 활용하는 것이다. 적어둠으로써 잃어버리지 않을 뿐만 아니라, 효율적인 시간관리는 물론이고 고민을 잊어버리고 창조적인 생각을 할 수 있다. 메모를 통하여 사소한 일을 기억하는 공간만큼 더 중요한 일을 기억하게 될 것이다.

07 두뇌 활동을 증진시켜라

　두뇌도 자극을 가하면 얼마든지 발달한다. 뇌는 학습에 의해서만 활성화되는 것이 아니라 말과 표정, 몸짓과 같은 커뮤니케이션에 의해 얼마든지 활성화되고 발달된다. 학습이나 창조적인 활동은 단순히 뇌만의 작용이 아니라 뇌와 신체가 결합되어 동시에 일어나는 상호작용이다.

　아이의 뇌 활동을 활발하게 하기 위해서는 적당한 육체를 자극하고, 정신적 감각을 연마하게 되면 발달이 촉진된다. 인간의 정신은 뇌를 구성하고 있는 뇌세포의 활동에 의해 형성되기 때문에 뇌세포가 많고 이들이 밀접하게 결합되어 있을수록 지능이 높다고 할 수 있다.

　우리들의 신경세포는 서로 자극하여 비로소 활동을 시작한다. 뇌에는 1천억 개의 신경세포가 있다. 그리고 뇌세포와 뇌세포 사이를 잇는 것을 시냅스라고 부른다. 시냅스는 사물을 기억하는 역할을 한다.

갓 태어난 아기의 뇌는 어른과 신경세포의 수가 같지만 어른의 뇌만큼 활발하게 활동하지 못한다. 이것은 신경세포의 자극 정도가 크지 않기 때문이다. 성장하면서 지능이 높아지는 것은 자극을 받으면서 신경세포가 더욱 단단하게 결합하기 때문이다.

인간의 뇌는 얼마든지 계발이 가능하다. 뇌운동을 통하여 잠든 뇌를 깨우는 노력이 필요하다. 아인슈타인도 자신의 뇌를 얼마 쓰지 못하고 죽었다는 것은 누구나 잘 알고 있는 사실이다. 인간의 무한한 잠재력을 깨우기 위해서는 어릴 적부터 학습을 돕는 두뇌의 용량을 키워주는 것이 중요하다. 이는 꾸준한 훈련과 연습을 통하여 가능하다.

인간의 지능에는 개인차가 있지만, 가지고 있는 뇌세포의 수는 모두 같다. '우리 아이는 아무리 공부시켜도 이미 늦은 것 같아' 라고 단념해서는 안 된다. 뇌세포 수가 모두 같다는 것은 인간 지능의 대부분이 태어난 후 학습에 의해 완성된다는 뜻이다. 태어날 때는 모두 같으며 소질이나 유전자가 어떻게 자라나는 환경이나 공부 방법에 따라 지능이 계발되기도 하고 그렇지 않기도 한다.

잠든 뇌를 깨우는 방법에는 여러 가지가 있겠지만, 우리 일상생활 속에서 찾는 것이 바람직한 방법이다. 뇌는 새로운 것을 좋아한다. 뇌가 가장 싫어하는 것은 같은 행동을 반복하는 것이다. 자연히 뇌의 기능은 자연히 저하되기 마련이다.

왜냐하면 뇌만큼 싫증을 잘 내고 새로운 자극을 좋아하는 존재도 없기 때문이다. 그래서 매일 새로운 점심 메뉴를 찾거나 출퇴근 시간, 교통수단, 노선의 변경 등은 그만큼 뇌에 새로움을 줄 수 있는 수단이자, 잠든 뇌를 깨는 가장 좋은 방법이다.

집중력은 뇌활동을 극도로 높이는 방법이다. 뇌는 하나에 집중하게 되면 다른 영역의 활동을 억제하는 경향이 있어 감촉에 집중하기 위해서 시각으로 들어오는 정보를 막기 위해 눈을 감는 활동을 하게 된다.

여기에서 집중의 조건을 뇌 활동의 효율성으로 이야기하지만 창의력에서는 집중할 수 있는 능력을 중요한 창의력 발전의 전제조건이 된다. 반대로 뇌 기능이 저하되면 제일 먼저 집중력이 떨어지게 되고 감정을 억제하지 못하는 현상이 나타난다.

일의 우선순위를 정하고 이를 처리하는 이미지를 그려 보는 것만으로 뇌를 활성화할 뿐만 아니라 일을 체계적이고 빠르게 수행할 수 있다. 뿐만 아니라 일의 우선순위를 정하는 것 자체는 자신의 가치관을 기준으로 우선순위를 따져 복잡한 상황에 규칙성을 부여하여 이를 순서대로 나열하다 보면 전두엽이 활성화되기 마련이다. 사람들의 의사나 감정, 사고를 고려하면서 내용을 전달하는 커뮤니케이션은 전두엽의 활동을 촉진하는 역할을 한다.

사람의 얼굴을 유심히 보는 것만으로도 사물을 볼 때 움직이는 뇌의 부분이 활성화된다. 하지만 이를 기준으로 연상하게 되면 뇌의 여러 영역이 동시에 활성화된다. 사람의 얼굴 표정을 보고 그 사람의 기분과 이전의 스토리를 상상하게 되면 뇌는 더욱 활성화된다.

자신이 좋아하는 시나 드라마 대사를 주기적으로 낭송하면 좋다. 소리내어 낭송한다는 것은 비단 그 뜻을 몰라도 간단한 계산을 빠르게 하는 것만큼이나 뇌의 많은 영역을 동시에 활성화시켜 준다. 반복적이고 꾸준한 낭독은 직접적으로 관련이 없는 기억력까지도 향상시켜 준다는 실험을 통해 확인되었다.

현대인들은 많은 고민과 생각을 하면서 살아가고 있다. 뇌를 많이 사용했다고 판단될 때에는 잠시 TV를 시청하는 것도 좋은 방법이다. 혹사당한 뇌를 쉬게 하고 다시 활동하도록 하면 뇌는 더욱 활발하게 작용할 것이다. 잠자고 있는 뇌를 깨는 방법은 멀리 있는 것이 아니라 우리 생활 주변에 가까이 있다는 사실을 명심하라.

08
전자파로부터 두뇌를 보호하라

많은 사람들이 전자파 때문에 건강을 잃어 가고 있다. 전자파 피해에 대해서는 아직도 의견이 분분하여 무해론에서부터 암유발설까지 다양하나 몸 안의 전달체계에 부정적인 영향을 주는 것은 분명하다. 전자파는 휴대폰 뿐만 아니라 텔레비전이나 컴퓨터 등 일상생활에 사용하는 모든 전자제품에서 나온다.

왜 휴대폰의 전자파에 대해 논란이 되고 심각한가? 다른 전자 제품에서 전자파가 다 나오지만, 휴대폰의 경우에는 우리 몸의 뇌와 가장 가까운 곳에서 사용하기 때문에 뇌에 손상이 올 확률이 높기 때문이다.

휴대폰의 사용 주파수는 900MHz 이상의 고주파 대역으로서 이 주파수에서 방출되는 마이크로파는 인간의 중추신경계, 특히 뇌의 전기적 기능에 직접적인 영향을 주고, 특히 휴대폰은 뇌의 가장 가까운 부위에서 사용하기 때문에 전자파의 물리적 특성상 영향을 많이 준다는 것이다.

또, 휴대폰의 다량 보급으로 전자파 이상으로 문제가 되는 것은 '휴대폰 중독'을 들 수 있다. 이런 현상은 휴대폰이 없으면 마음이 불안해지기 시작하고, 초조해지면서 휴대폰을 만지작거리거나 누군가와 통화를 해야 마음이 편해지는 심리적인 현상 역시 그렇다.

학업에 열중해야 할 청소년의 피해는 생각보다 심각하다. 조사한 바에 의하면 휴대폰을 집에 두고 왔을 때 불안하고 초조해 수업에 집중할 수 없는 증상이 1.8%, 휴대폰 벨이 올린 것으로 착각하는 환청현상이 12.3%, 무작정 휴대폰 벨소리를 기다리는 동안 가슴이 두근거리고 머리가 아픈 경험이 있는 사람이 2.3%나 된다고 한다.

때와 장소를 가리지 않고 학생들에게 울리는 문자나 벨소리는 두말할 나위 없고 심지어 교실에서 휴대폰으로 자장면을 시키는 학생이 있는가 하면, 버스 안에서 "너무 시끄럽게 전화한다."며 시비가 붙어 학생과 교수가 주먹다짐까지 벌인 사건도 있어 휴대폰 중독은 개인의 문제가 아닌 사회적 문제로 심화되고 있는 실정이다.

전자파는 우리 머리를 나쁘게 한다. 전자파는 뇌 깊숙이 위치하고 있는 생명중추나 본능중추에는 침투하지 못해서 큰 손상을 미치지 않으나 표면에 있는 뇌 부위에는 손상을 미치는 것으로 알려졌다. 전자파는 고도의 뇌기능을 담당하는 대뇌부위와 학습과 기억을 영위하는 해마부위 그리고 운동과 몸의 평형을 담당하고 있는 소뇌 피질부위 신경세포의 변성을 증가시키고 있어 우리 건강에 나쁜 영향을 준다.

휴대폰 전자파를 줄이는 방법은 없을까? 이미 많은 대중매체를 통해 알려진 바와 같이 전자파는 전자파 발생원으로부터 거리가 멀수록 급속도로 그 발생량은 감소하는 성질을 가지고 있다. 가전제품 등을 사용할 때는 가능한한 거리를 두고 사용하는 것이 바람직하다. 전기장판이나 헤어드라이어기 등 신체와 직접 접촉되는 전자제품은 사용 회수를 최소한으로 줄이는 것이 좋다.

우리가 매일 보는 텔레비전은 전자선을 승압시켜 브라운관의 형광물질에 조사하는 원리로 설계되어 있다. TV 화면이 커질수록 전자파 방출량이 자동적으로 늘어난다. 최소한 2m 이상 떨어져 TV와 수평으로 보는 것이 좋다. TV의 옆과 위, 뒤쪽에서 더 많이 발생하기 때문에 가급적 리모컨을 사용하는 것이 좋은 방법이다.

컴퓨터에서도 전자파가 많이 발생한다. 컴퓨터를 사용할 때에는 가급적 1m 이상 거리를 유지하고 50분 작업에 10씩 휴식을 취하는 것이 건강에 좋다. 특히 모니터는 14인치보다는 전자파가 훨씬 적게 방출되는 17인치나 거의 방출되지 않는 노트북형을 사용하는 것이 바람직하다.

다른 전자 제품을 사용할 경우, 직접 사용하지 않을 때에는 플러그 전원을 빼두는 것이 좋다. 왜냐하면 전기를 직접 사용하지 않으면 전원이 'ON' 되어 있는 상태에서는 전기장은 발생하지 않지만, 자기장은 여전히 발생되는 특수한 전자기적인 성질을 가지고 있기 때문에 가능하면 전원을 빼두는 것이 전자파를 막는 방법이다.

이제 우리 생활에 휴대폰이 없어서는 안 되는 필수품이 되었다. 휴대폰은 많은 돈과 시간을 투자하여 만든 상품이다. 당신을 위하여 만든 상품이 당신들의 성공이나 재산 축척을 하는데 도움이 되어야지 당신을 정신적으로 불안하게 하거나 건강을 위협하는 도구가 되어서는 절대 안 된다.

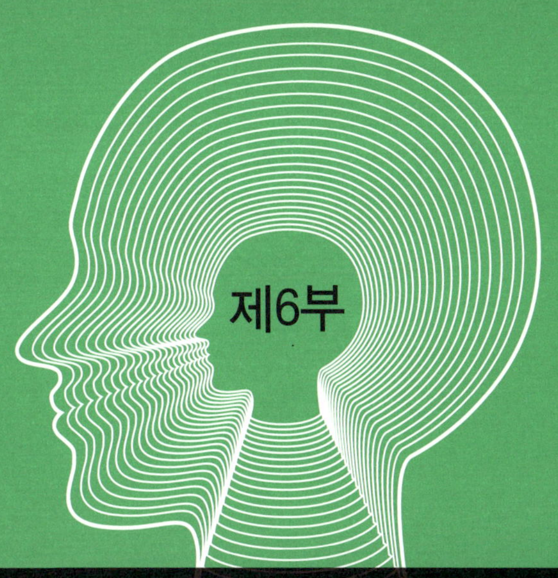

제6부

일상 속에서 실용지능을 키우는 기법

01
평소 웃는 연습을
많이 하라

어린아이는 하루에 보통 400번 이상 웃는다고 한다. 6세 정도 아이도 하루 300회 정도 웃는다. 하지만 성인이 되어 차츰 웃음을 잃어버려 하루 70세 정도가 되면 평균 14회 정도까지 급격히 줄고 심지어 하루에 단 한 번도 웃지 않고 지내는 사람이 많다고 한다.

웃음은 스트레스를 진정시키고 혈압을 떨어뜨리고, 혈액순환을 개선시키는 효과가 있다. 미국 스탠포드대 윌리엄 프라이 박사는 사람이 한바탕 크게 웃을 때 몸속의 650개 근육 중 231개 근육이 움직여 많은 에너지를 소모한다고 설명한다. 웃음은 건강을 유지하기 위한 필수요소임을 단적으로 말해 주는 대목이다.

웃음 전문가들은 한 번 웃는 것은 에어로빅 운동을 5분 동안 하는 운동량과 같다고 말하고, 20분 동안 웃는 것은 3분 동안 격렬하게 노 젓는 운동량과 같다. 또 혼자 웃을 때보다 여럿이 함께 웃으면 33배 효과가 있다고 한다. 많이 웃으면 8년을 더 살 수 있다.

늘 감사하는 마음과 긍정적인 사고를 하고 살면 6년을 회춘한다
고 한다.

웃음은 몸을 튼튼하게 해 준다. 최근 미국에선 많이 웃는 사람
에게 심장병 발병이 적다는 연구 결과가 나왔다. 인간의 몸에는
기쁘다든지, 즐겁다든지, 기분이 좋을 때에 엔도르핀이라는 호르
몬이 분비되기 때문이다. 낙천적인 사람이 건강하고 오래 사는
것은 이런 결과를 뒷받침해 준다.

우리 몸에는 자율신경으로 내장을 지배하는 교감신경과 부교감
신경이 있다. 교감신경은 놀람, 불안, 초조, 짜증의 작용을 하며
생존이나 움직임 등을 위한 신경이다.

반면에 부교감신경은 교감신경이 촉진되면 억제하는 일을 하
고, 신체가 흥분되면 심장의 구실을 억제하며 소화기의 작용을
촉진시키는 역할을 한다. 교감신경이 흥분의 역할을 하는 연료라
면, 부교감신경은 냉각장치의 역할을 한다.

웃음은 스트레스와 분노, 긴장을 완화해 주는 없어서는 안 될
중요한 요소이다. 흥분상태에서 몸에 편안함을 주는 것이라고 할
수 있다. 웃지 않는다면 냉각장치가 없는 것과 마찬가지여서 과
열되어 몸은 스트레스를 받게 된다. 바로 웃음은 스트레스와 분
노, 긴장을 완해해 주는 우리 생활에 없어서는 안 될 중요한 요소
라는 것을 기억하자.

사람은 기분이 좋으면 누구나 자기도 모르게 저절로 웃음이 나
온다는 것은 잘 알고 있는 사실이다. 그러나 억지로라도 웃으면
기분이 좋아지고, 생각이 바뀐다는 것을 아는 사람은 그리 많지

않다. 이는 누군가의 말대로 "행복해서 웃는 것이 아니라, 웃어서 행복하다."는 말에서 알 수 있다. 실제로 하루 45분 웃으면 고혈압이나 스트레스 같은 현대 질병도 치료가 가능하고 환자가 10분 동안 통쾌하게 웃으면 두 시간 동안 고통 없이 편안하게 잠을 잘 수 있다고 한다.

불만스런 인상을 하고 있으면 만사가 못마땅해 보이고 억지로라도 미소를 지으면 기분이 좋아질 수밖에 없다. 얼굴 근육은 사람의 기분에 따르게 움직인다. 대뇌의 감정중추는 표정을 관장하는 운동중추와 인접해 있으면서 서로 영향을 주고받는다. 반대로 표정을 바꾸면 사람의 감정도 달라진다. 이처럼 표정에 따라 감정상태가 달라진다는 이론을 심리학에서는 안면피드백이론이라고 한다.

많은 웃음을 짓기 위해서는 매사 긍정적인 사고를 하는 것이 중요하다. 긍정적인 사고는 웃음 이상으로 우리 몸을 건강하게 유지하기 위한 아미노산과 같은 필수요소이다. 마음이 밝고 긍정적인 모습을 보일 때에 뇌로부터 인체의 기능을 활성화시키는 알파파라는 호르몬이 분비되어 생활에 활력이 넘쳐나게 된다.

웃음이 주는 효과는 의학적으로 많은 것을 입증한다. 웃음은 '코티졸'이라는 호르몬의 과다 분비를 방지하여 스트레스를 극복할 수 있다. 그래서 웃음은 의학적인 가치뿐만 아니라 우리 생활에 활력소가 된다.

웃음은 좋은 운동이자 인체의 면역력을 높여주고 심리적으로 안정감을 더해 주는 특효약이 될 것이다. 웃음으로 하루를 시작하자. 웃음은 겉모습을 아름답게 하고, 인간관계를 친밀하게 하고, 사회에서의 성공의 밑거름이 되기도 하며, 억압된 감정을 발산하여 정화하는 역할도 한다는 것을 잊어서는 안 된다.

칭찬보다 더 좋은 선물은 없다

누구든지 칭찬을 받으면 기분이 좋아진다. 칭찬은 우리들에게 많은 용기를 주기도 하고 생활에 지친 현대인에게 자신감을 갖게 해 준다. 칭찬은 "바보를 천재로 만든다."라는 말을 할 정도로 칭찬이 주는 효과는 매우 크다.

우리 뇌 속에는 도파민이라는 신경전달물질이 있다. 칭찬이나 감동을 받으면 이 물질이 분비되어 쾌감을 느끼게 된다. 도파민이 분비되면 자신도 모르게 기분이 좋아지고 적극적인 마음을 갖게 되고 예술적인 영감이 떠오르고 뇌가 활발하게 움직인다.

그래서 어떤 의학전문가는 이 물질을 신이 인간에게 준 최고의 선물이라고도 한다. 그러나 반대로 심한 꾸중이나 처벌을 받게 되면 도파민 분비가 억제되어 정서적으로나 심리적으로 불안한 상태를 유지하게 되어 하는 일에 흥미를 잃게 되고 쉽게 지치게 된다.

최근 두뇌에 관한 연구가 활발하게 진행되고 있다. 성격이 명랑

하고 밝은 감정을 가진 사람들은 우울하고 어두운 감정을 가진 사람에 비해 질병에 훨씬 덜 걸리고 오래 산다는 사실이 입증되었다. 사람이 살아가는데 칭찬보다 더 소중한 것이 없다.

말도 못하고, 듣지도 못하던 헬렌 켈러에게 기적을 만들어 주었던 것은 그 무엇보다 어머니의 칭찬이었다. 칭찬은 무능한 사람을 유능한 사람으로 변화시키고, 나약한 사람을 강한 사람으로 만들며, 말도 못하고 듣지도 못하는 사람을 말도 하게 만들고 들을 수 있는 사람으로 바꿀 수 있는 무한 에너지가 내재되어 있다. 돈은 순간의 기쁨을 주지만 칭찬은 평생 동안 기쁨을 선사한다는 사실을 기억하자.

칭찬은 불가능도 가능하게 한다. 칭찬을 할 때에는 몇 가지 원칙을 지켜야 한다. 능력보다는 노력중심의 칭찬을 하는 것이 바람직한 방법이다. "참 잘 했구나!", "이걸 어떻게 했어.", "너 혼자 충분히 할 수 있어." 등으로 상대방의 노력이나 능력에 초점을 두어 칭찬을 하면 더 효과적이다.

또 칭찬을 할 때에는 결과뿐 아니라 과정을 칭찬하여야 한다. 성과에 연연하지 말고 노력하는 전 과정에 초점을 맞춰 칭찬하면 상대방은 하는 일에 더 분발하게 될 것이다. 또 책임감을 가지는 계기가 될 수 있다.

돈이나 물질과 관련하여 보상하는 것은 금물이다. 칭찬은 보상이라는 경제적인 개념보다는 정서적인 충족과 관련이 더 깊기 때문이다. 지나친 우월감이나 열등감 같은 어느 양극적인 정서를 갖지 않도록 해야 한다.

칭찬의 시기도 무엇보다 중요하다. 칭찬은 노력하는 행위 직후에 하는 것이 바람직하다. 칭찬을 할 때에는 그 과정과 변화의 정도를 포함하면 더 효과적이다. 칭찬을 받으면 자의식 형성에도 큰 도움이 된다. 칭찬은 자신의 능력을 외부로부터 평가받는 하나의 수단이 되기 때문이다.

미국 뉴욕 포르담 박사팀은 주당 1회 이상 심한 체벌을 받고 자란 아이는 그렇지 않은 아이보다 IQ 측정에서 10 정도가 낮게 나타났다. 특히 심리적 충격의 정도가 큰 아이의 경우에는 남자 아이보다 그 차이가 더 큰 것으로 알려졌다.

누구나 칭찬을 먹고 산다. 칭찬을 많이 먹고 자란 사람은 긍정적인 사고를 많이 한다. 그러나 꾸중을 많이 들은 사람은 모든 세상을 부정적인 시각으로 바라본다. 칭찬은 바람직한 행위이지만 그렇다고 모든 상황에서 적용되는 것은 아니다. 때로는 엄격한 벌이나 꾸중도 사람이 지혜롭게 살아가는 데 한 수단이 된다는 것을 알아야 한다.

03
스스로 자산관리사가 되어라

　인간의 욕구는 무한하다. 한편 인간의 욕구란 소비행위와 연관되어 있다. 소비행위는 욕망의 충복이라는 말이 있을 정도로 소비와 욕망 충족은 관련이 깊다. 소득이 증가하고 생활이 윤택해짐에 따라 자연히 소비도 증가하기 마련이다. 다만 소득 증가에 비하여 소비는 급격하게 변하지 않는다. 소비는 일정한 패턴을 유지하는 것을 항상소비라고 한다.

　이러한 소비는 일정한 소득의 전제 하에서 성립하는 것이다. 그러나 정기적인 소득이 아닌 복권 당첨금이나 보너스 같은 임시 소득이 발생하였다면 그것은 일정한 소비의 패턴을 변화시킬 수 있다. 이런 소비를 임시 소비라고 해 보자. 임시 소득을 일시적인 충동에 의해 허비한다면 제동장치가 결여된 소비라고 말할 수 있다. 일정한 소득과, 투자를 통하여 얻은 임시 소득을 고정 자본으로 만들기 위해서라도 자산관리의 필요성이 대두된다.

　한편 소득의 급격한 변화가 있었다고 하더라도 소비는 변화가 쉽지 않다. 가령 잘 살던 사람이 갑자기 살기 어려워졌다고 해도 그의 소비습관은 갑작스럽게 변하지 않는다. 바로 소득의 급격한 변화에도 불구하고 소비의 급격한 변화에 제동을 걸기 위하여 쐐기를 박아야 한다는 것이 '쐐기이론'의 핵심이다.

이 이론은 브라이언 트레이시가 주장을 했다. 미래 소득 증가분에서 50%는 저축하는 습관을 들이는 것이 현재 소비구조를 바꾸려고 시도하는 것보다 훨씬 효과적이다. 소비는 일정함을 유지하기 때문에 증가하는 소득에 대하여 저축을 하라는 말이다. 수입이 점차 늘어나면 지출도 수입에 걸맞게 늘어난다는 파킨슨법칙과는 아주 구별된다.

저축도 일종의 투자이다. 그러므로 아름다운 미래를 살아가기 위해서라면 향후 수입 증가분의 50%를 저축하는 습관을 가져야 한다. 그렇게 함으로써 부채도 갚고 재정적으로 자립을 이룰 수 있다.

평소 저축하는 습관을 기르는 것이 중요하다. 매년 자신의 목표 재산이 어떻게 관리되고 있는지 관심을 가지는 것도 무엇보다 중요하다. 자신의 자산을 관리하는 자산관리사를 별도 둘 수 없는 입장이라면 스스로 자신의 자산을 관리하는 자산관리사가 될 필요성이 있다.

자산이란 말에 귀를 기울여 봐야 한다. 자산에는 부동산, 그림, 조각 같은 유형의 자산과 예금, 증권, 특허권 같은 무형의 자산이 있다.

최근 들어 부의 축척수단으로 부동산이 각광받고 있다. 본질적으로 부를 늘리는 수단이라든가 윤리적인 수단 혹은 경제적인 효율성을 갖춘 수단이 못된다. 저축은 노동의 대가와 더불어 거시적인 경제의 기초 수단이 되기에 더욱 값진 것이다.

다음은 자산관리사가 되어야 한다는 말을 유념해 보아야 한다. 자산관리사라면 어떤 원칙이 있어야 한다. 예를 들어 평범하지만 유용한 격언처럼 통용되는 말이 있다. "달걀을 한 바구니에 담지 말라."

이 말은 투자 내지 저축의 필요성과 관련된 분산투자, 분산저축의 필요성을 제기하는 말이다. 자신만의 소신과 원칙을 가지고 자산관리에 심혈을 기울여야 한다. 세상에 아무 노력 없이 공짜로 주어지는 것은 하나도 없으니까 말이다.

저축하는 습관을 들이는 데에 도움이 될 만한 이야기를 해 보려고 한다. 당신은 자동조정장치로 운행하는 비행기가 미국 본토에서 하와이까지 가는 동안 비행시간의 95%가 항로에서 벗어난다는 사실을 알고 있는가? 이 이유는 간단하다. 바람 때문이다. 바람 때문에 항로가 계속 변경되어 자동조정장치는 몇 분마다 비행기의 항로를 수정한다. 이 장치가 기계적으로 컴퍼스의 방위각을 반복적으로 수정하는 것이다.

저축하는 습관을 기른다거나, 부자가 되기 위한 어떠한 여정도 마찬가지다. 때로는 바람이 불어 길이 잘 안 보이는 경우도 있고, 평소 예상치 못한 것보다 더 많은 어려움이 있을 수 있다.

어떤 사람에게 빌린 돈을 1주일 내에 갚으라고 하면 1주일이 다 되어서 돈을 가져온다. 만일 똑같은 일이지만 2주일 내에 빌린 돈

을 갚으라고 요구하면 역시 2주일이 다 되어야 가까스로 빚을 갚
게 된다. 이것은 인간의 불변의 법칙이다.

사람은 시간이 많으면 많을수록 여유를 부리기 마련이다. 한가
한 노인이 조카딸에게 편지 한 장 써 보내는 데는 온종일 걸릴지
도 모른다. 편지지를 찾고, 안경을 찾고, 주소를 찾아, 편지를 써
서, 겨우 편지 한 통을 써서 우체국에 붙이기까지는 시간이 예상
보다 많이 걸린다. 여유를 부릴 수 있는 사람에게 있어 하루의 24
시간은 왠지 길지 모른다.

이쯤하면, 편지 한 통 써서 우체통에 붙이는 것보다 평소 자신
이 자산관리사가 되는 것이 쉽다는 것을 몸소 느낄 수 있을 것이
다. 적어도 일 년에 한 번씩은 컴퍼스의 방위각을 다시 맞추어 보
고 안전한 여정을 위한 조정의 기회가 필요하다. 일종의 반추 혹
은 되새김질이라고 해야 할까. 이처럼 반추하고 목표를 향해 나
아가는 당신은 성공이라는 목적지에 한 발 가까워질 것이다.

04
현대인의 적인
스트레스를 없애라

많은 사람들이 스트레스에 시달리며 살아가고 있다. 사람은 약 1천억 개의 뇌세포를 가지고 태어난다. 세상에 자신을 내놓는 순간부터 매일매일 평균 10만 개의 뇌세포가 죽어간다고 한다. 스트레스는 뇌세포의 재생력에 악영향을 미치고 결과적으로 스트레스는 뇌의 노화를 촉진시키는 역할을 한다.

스트레스란 한마디로 외부 자극이나 변화에 대한 신체적, 정신적, 행동적 반응을 말한다. 스트레스를 장기간 반복적으로 노출되면 스트레스는 만성화되어 정서적으로 불안하고 갈등을 일으켜 장기화되면 질병을 유발하게 하는 원인이 된다.

스트레스를 하나도 안 받고 살아갈 수는 없다. 스트레스는 받는데로 즉시 해소하려는 노력이 필요하다. 음악을 들으면 많은 도움이 된다. 이미 선진국에서는 음악이 생활의 일부분이 되어 있다.

병원의 대합실에서는 긴장을 완화시켜 주는 음악이, 호텔이나 백화점에서는 상쾌하고 건전한 음악이 기분 좋게 흘러나온다. 이러한 음악의 치료적 효과를 이용하여 건강관리 면에서도 운동할 때는 리듬감이 있는 음악을 듣고, 잘 때는 릴렉스 음악 등 생활의 곳곳에서 필요한 상황에 따라 사용하면 매우 효과적이다.

즐거운 마음으로 일을 하면 스트레스를 줄일 수 있다. 물론 자신이 좋아하는 일만 하고 일생을 살아갈 수는 없는 일이다. 때로는 힘들고 어려운 난관에 부닥쳐도 즐거운 마음으로 일을 하는 것이 바람직한 방법이다.

이럴 때는 짜증을 내고 화를 내가며 일하는 것보다는 이왕에 처리해내야 할 일들이라면 긍정적이고 적극적인 자세로 일을 처리해 나가야 한다. 긍정적인 사고는 인생을 즐겁게 만들어 준다. 사실 일하는 것만큼, 또 어떤 일을 완수해냈을 때만큼 마음의 충족감을 얻을 수 있는 경우도 많지 않다.

미국의 신경과학자 다니엘 에이멘 박사는 좋은 기분이 들거나 경쾌한 음악을 들으면 대상회와 좌뇌 간 신경질, 소뇌의 뇌혈류가 원활하게 흐르며, 이로 인해 삶에 의욕이 생기고 몸에 에너지원이 공급된다.

반대로 스트레스를 받으면 뇌 속 시상하부에서 아드레날린이 분비되어 흥분하게 되고, 혈압이 올라가 몸에 무리를 가하게 된다. 특히 사소한 일에 스트레스를 잘 받는 사람은 뇌 기능이 원활하지 않을 뿐 아니라, 제때에 해소하지 못한 스트레스가 쌓여 기억력을 담당하는 해마에 손상을 입을 위험성이 커진다. 그래서 스트레스를 많이 받을 때 음악을 듣는 것이 좋을지도 모른다.

스트레스를 주는 요인이나 자극을 흔히 '스트레서' 라고 한다. 이 스트레서가 가해지면 그 자극은 처음에는 뇌에 있는 시상하부에 전달된다. 시상하부란 신경계와 내분비계의 작용을 통합하는 총사령부와 같은 중요한 역할을 하는 곳을 말한다.

스트레서가 심해지면 시상하부는 부신피질 자극호르몬을 방출하고, 이것이 뇌하수체에서 부신피질 자극호르몬이나 베타엔도르핀을 분비시킨다.

너무 흔한 말일지는 모르지만, 스트레스를 덜 받기 위해서는 자신이 하는 일에 만족하고 즐겁게 살아야 한다. 금세기 최고의 경영자라고 칭송받고 있는 잭 웰치는 재임기간 동안 회사 브랜드 가치를 60배나 올리고 난 후 성공비결을 묻는 질문에 "즐겁게 일하고 즐겁게 놀았다."고 했다.

욕심을 버리는 것도 스트레스를 줄이는 한 방법이 될 수 있다. 인간은 자기의 능력과 환경에 비하여 많은 욕심을 가지고 살아가고 있다. 욕심은 스트레스의 원인이 된다. 남보다 좋은 대학에 진학하고, 남보다 더 일찍 승진하고, 남보다 앞서 성공해야 한다는 강박관념 역시 스트레스의 주범이 된다는 사실을 기억하라.

스트레스가 현대인의 적이라는 것은 잘 알고 있는 사실이다. 그러나 스트레스를 받지 않고 살 수는 없다. 스트레스를 잘 관리하여야 한다. 스트레스를 잘 관리하면 뇌 기능이 유연해진다. 예상하지 않은 사건이나 갈등 상황을 겪을 때도 분노나 두려움 없이 문제를 해결해 나가는 힘을 기르게 된다.

그러면서 평소 여유 있는 태도로 많은 사람들과 어울리고 봉사나 취미활동 등을 통하여 인간관계를 유지하는 것이 필요하다. 사회적 관계를 통한 적절한 긴장감과 뇌 건강에 긍정적인 효과를 미친다. 스트레스는 피할 대상이 아니라 관리할 대상이라는 점을 마음속 깊게 기억하자.

05
기억력을 높여주는 차를 마셔라

녹차는 우리 몸에 좋다. 1990년 일본 시즈오카 현립대학에서 녹차의 암 예방효과에 관한 역학조사 결과가 발표되었다. 시즈오카 지역 주민들을 11년 동안 관찰한 결과 이 지역 주민들의 암 사망률이 일본에서 가장 낮은 지역으로 확인되었다.

위암으로 사망하는 일본인 남성비율을 100으로 보았을 때 시즈오카 지역의 위암 발생율은 20%로 다른 지역의 일본인에 비해 1/3 정도의 아주 낮은 수준이었다. 녹차는 암 예방효과 뿐만 아니라 혈관을 맑게 해 주고, 살균효과와 비만효과에도 매우 탁월하다.

실제로 영국의 암센터 스티치시는 녹차, 홍차, 우롱차의 폴리페놀 성분이 발암물질에 대한 변이원성 억제효과가 있음을 보고했다. 일본의 하라세이히코 등은 녹차 추출액을 직접 암세포에 투여하여 항돌연변이 효과를 입증하기도 했다.

좋은 녹차는 찻잎이 가늘면서 잘 말아져 있는 것, 약간 검은 녹색을 띠며 잡았을 때 단단하면서 무거운 느낌을 주는 녹차가 좋은 제품이다. 차는 어린잎일수록 수분이 많아 검은 녹색을 띠고, 잎은 묵을수록 황색을 띤다. 황색 잎이나 갈색 줄기가 많은 것은 좋지 않다.

녹차의 주요성분의 하나로써 카페인은 냄새는 없지만, 쓴맛을 내며 덖은 녹차가 찐 차보다 카페인 함량이 많다. 차가 커피와는 달리 카페인으로 인한 부작용이 일어나지 않는다. 그 이유는 찻잎 중에 포함되어 있는 폴리페놀과 비타민류 등의 성분이 카페인과 결합해서 형성되어 낮은 온도에서 불용성으로 유지되고 잘 녹지 않으므로 몸속에서의 동화 속도가 낮기 때문이다.

기호식품으로서 사람의 기억력을 높여주는 것은 여러 가지가 있지만 그중에서 녹차를 들을 수 있다. 녹차의 향은 심신을 편안하게 만들어 준다. 특히 녹차에 들어 있는 카페인은 사람의 중추신경을 자극하여 마음을 안정시키고 두뇌 회전을 빠르게 한다. 공부하기 전에 녹차 한 잔을 마시는 것도 이런 이유 때문이다.

흔히 잠이 밀려오거나 공부를 할 때 적당하게 커피를 마신다. 하지만 많은 양을 마시게 되면 오히려 해가 된다. 커피는 도파민 신경을 자극하고 알파파를 만들어낸다. 커피 속에는 트리고넬린이라는 물질을 함유하고 있어 대뇌피질과 해마의 뉴런을 자극시켜 기억력을 향상하는데 도움이 된다.

보통 카페인은 몸에 좋지 않다. 그것은 커피나 다른 식품에 들어 있는 카페인이 결합형이라서 일시적으로 흥분을 불러일으키고 또 마신 뒤 계속 몸속에 축적되기 때문이다. 반면에 녹차의 카페인은 다른 것과 달라서 서서히 몸속에서 풀려 천천히 흥분작용을 한다. 또 녹차 속의 폴리페놀 성분과 쉽게 결합하여 체내에 오래 머물지 않고 바로 배출된다. 녹차는 커피와 달라 아무리 마셔도 인체에 도움이 되는 건강음료이다.

물론 지나친 것은 없는 것보다 못하다. 젊었을 때에는 몸에서 유해산소가 발생해도 이를 처리하는 면역기능이 활성화되어 있어 큰 문제가 되지 않지만 건강관리를 소홀히 하거나 나이가 들 경우 면역이 떨어지면서 유해산소가 치명적으로 작용한다.

녹차는 99.6%가 물로 구성되어 있다. 물에 따라 맛이 크게 달라질 수 있다. 좋은 물은 물 중에서 돌 사이에 솟아나는 석간수나 바위틈에서 흐르는 유천을 가장 좋은 물로 뽑는다. 요즘 산의 물이나 시골의 우물물도 많이 오염되어 있다. 차를 우리는데 적당한 물은 미네랄이 적당하게 함유되어 있어야 한다.

마그네슘이 들어 있는 물에 녹차를 우리면 떫은맛이 강해지기 때문에 미네랄이 너무 많이 함유되지 않은 연수가 좋다. 수돗물을 이용할 때는 수도꼭지를 틀고 약간 흘려 보낸 뒤 물을 받아 사용하는 것이 좋다.

녹차는 활력을 찾고, 기억력을 높여주는데 충분하다. 또 한 잔의 녹차는 하루를 상쾌하게 해 주고 두뇌를 맑게 해 준다. 어떤 다른 것을 마셨을 때보다 급속하게 에너지 상승효과를 몸소 경험할 수 있을 것이다.

06 물을 많이 마셔야 건강하다

우리 몸은 많은 물을 요구한다. 건강한 활동을 하기 위해서는 끊임없이 물을 필요하기 때문이다. 신선하게 공급된 물은 변비의 해소를 돕고 장 점막을 정화하여 영양 섭취가 더욱 효과적으로 이루어지게 한다.

두뇌는 보통 1,000~1,400g이다. 그중에서 물이 78%를 차지하고 있다. 인체에서 물은 가장 많은 부분을 차지하기 때문에 탈수는 두뇌에 즉각적인 영향을 미친다. 탈수현상이 일어나면 곧바로 주의집중에 문제가 생기고 신체기관은 나른함을 느끼게 된다.

물은 우리 인체에 들어가면 체온을 조절해 주고 관절의 윤활제 역할과 변비를 예방하는데 도움을 준다. 또 영양소와 산소를 세포에 운반하기도 한다.

또한 혈액 내 수분 함량이 떨어지면 혈중 소금 농도가 높아지면서 세포에서 혈액으로 방출되는 액체가 점점 증가하게 되면 혈압이 올라가고 스트레스 증가와 관련된 호르몬이 분비된다. 스트레스 연구학자들은 물을 마신 지 5분 이내에 스트레스와 관련된 호르몬 분비가 감소한다는 것을 발견했다. 학습 도중에 물을 마시는 것은 적절한 두뇌기능을 위해서 매우 중요한 일이다.

보통 사람들은 하루에 2리터 이상의 물을 마셔야 하는데 소변의 색깔이 무색투명할 때까지 마시는 것이 좋다. 페트병에 하루에 마실 물을 담아 늘 가까운 곳에 두고 있어야 물 마시는 것을 잊지 말아야 한다. 물을 마실 때에는 갑자기 한꺼번에 들이키지 말고 조금씩 조금씩 자주 마시는 것이 건강에 좋다.

물을 한꺼번에 많이 마시면 오히려 혈액 속의 나트륨을 희석시켜 체액불균형을 초래할 수도 있어 주의하여야 한다. 의학전문가들은 물을 마실 때 1분에 1cc 정도를 기본으로 해서 한 컵의 물을 마실 경우 5분 정도의 시간을 들여 천천히 한 모금씩 마실 것을 권한다.

물에 대해 많은 연구를 한 미하엘 보슈만 박사는 "매일 1.5~2리터 분량의 물을 마시면 연간 3만 6,000cal의 에너지를 소모할 수 있다."면서 "이는 5kg 분량의 지방을 태워 없애는 효과에 해당한다."고 말했다.

그는 "효과적인 체중 감량을 원한다면 식사량 조절, 적당한 운동과 더불어 매일 규칙적으로 식전에 0.5리터의 차가운 물을 마시라."고 권고했다.

물은 인체 내의 독소를 없애는 데 중요한 역할을 한다. 스트레스에 시달릴 때, 잠을 제대로 못 자고 몸이 찌뿌둥할 때, 더운 날씨에 몸이 축 처져 있을 때, 우리 몸은 자동적으로 물이 필요하다

는 강한 신호를 보낸다. 이때 적당한 물을 마셔야 건강을 유지할
수 있다.

물은 우리 생활에 꼭 필요한 존재이다. 우리는 물로 갈증을 해
소시켜 줄 뿐만 아니라, 몸을 씻고, 그릇을 닦는데 사용되고 다용
도로 이용된다. 물은 공장에서는 물건을 만든 뒤 열기를 식히기
도 하고, 물의 강한 수압을 이용해 돌을 쪼개기도 한다. 우리 생활
에 물을 필요로 하지 않는 곳이 하나도 없다.

물이 없는 세상을 생각해 보았는가? 물이 없다면 우리는 하루도
살아갈 수 없다. 그런데도 물의 소중함을 잘 느끼지 못하고 살아
갈까. 물은 공기와 같이 흔하기 때문에 중요성을 느끼지 못하고
살아가기 때문이다.

그런 면에서 보면 물은 평소에 흔하기 때문에 다이아몬드를 취
득하는 것보다 효용의 가치가 낮다. 하지만 물은 실질적으로 무
엇보다 소중한 것이다. 더더욱 오늘날과 같은 환경오염이 문제되
는 요즈음 보다 좋은 물, 깨끗한 물을 찾는 노력은 다이아몬드를
찾는 노력보다도 선행되어야 할 것이다. 그래서 물의 한계효용은
다이아몬드보다 결코 낮거나 무시되어서는 절대 안 된다.

지금 이 순간에도 세계 인구의 1/3 이상이 물 부족으로 고통을
받고 있다. 물이 부족한 나라의 사람들은 깨끗한 물이 없어 웅덩
이에 고인 물과 빗물을 받아먹으며 살아가고 있다. 이중에서 500
만 명 이상이 수인성 질병으로 죽어가고 있다. 우리들이 물을 아
껴 쓰지 않는다면 이런 악순환은 계속될 것이다.

07

두뇌 발달에 좋은 음식을 먹어라

뇌의 활동은 식습관에 의하여 좌우된다. 뇌혈관으로부터 매일매일 공급받는 영양분은 뇌의 최선의 상태에서 활동하게 해 주는 원동력이 된다. 우리가 일상생활 속에서 무의식적으로 행동하는 습관을 교정함으로써 두뇌 활성화에 큰 도움이 된다.

두뇌 기능과 신진대사에 좋은 신선한 과일이나 비타민이 풍부한 음식을 섭취하면 두뇌가 발달한다. 배가 부르면 두뇌 회전이 느려지므로 식사의 양은 조금 부족하다고 느낄 정도로 먹는 것이 좋다. 또 음식을 꼭꼭 씹어 먹으면 치아 활동이 증가하게 되어 뇌에 좋은 영향을 미친다.

음식 냄새나 꽃향기를 맡게 해 주고, 다양한 음식을 맛보게 하는 것도 두뇌 발달에 도움이 된다. 엄마와 아이의 활발한 상호 교류를 통해서도 두뇌 발달이 이루어진다. 엄마가 직접 아이에게 마사지를 해 주면 아이의 정서 및 두뇌 발달에 좋은 영향을 미친다.

피부 접촉을 하면 시상하부 자극이라는 연결고리가 강화되면서 아이의 호르몬이 왕성하게 분비된다. 베이비 마사지를 할 때 아이의 다리를 쫙 펴주고, 팔도 리듬감 있게 주물러 주면 두뇌 발달은 더욱 촉진될 것이다.

무엇보다 영양 공급은 두뇌 발달에 필수조건이다. 특히 뇌를 구성하는 단백질과 지방질은 꼭 필요한 성분이다. 단백질은 두부나 기름기를 뺀 고기와 생선 등에서, 지방산은 해바라기씨나 호박씨 같은 씨앗류나 잣, 호두 같은 견과류에서 상당부분 섭취하는 것이 좋다.

뇌 발달에 대한 것을 이야기할 때 DNA를 빼놓을 수 없다. 흔히 참치, 삼치, 고등어와 같은 등 푸른 생선에 많이 들어 있다. 오메가3 지방산인 DNA는 뇌를 형성하는 지방질의 10%를 차지하는 중요한 성분으로 뇌세포를 만드는 데 관여해 기억력을 좋게 한다.

DNA가 부족하면 뇌 속으로 정보 전달이 원활하지 않아 기억력과 학습 능력이 떨어진다. 두뇌 기능을 활성화하기 위해서는 두뇌 회전을 좋게 하는 신경전달물질을 만드는 비타민B도 필요하다. 주로 현미, 통보리 같은 잡곡이나 시금치 등에 많이 함유되어 있다.

과일 속에는 비타민과 미네랄, 그리고 식물의 색소에 들어 있는 파이토 케미컬이라는 물질이 많이 들어 있다. 과일은 보통 80% 이상 수분으로 구성되어 있다. 이 수분은 과일에 들어 있는 풍성한 영양소가 함유되어 있어 우리의 몸을 더욱 건강하게 만들어 준다.

과일은 영양이 풍부하면서도 대부분 체내에 비축되지 않고 곧 바로 에너지원으로 활용되기 때문에 수분과 섬유질이 풍부하게 함유되어 있어 이뇨작용이나 소화작용을 도와주는 건강에 가장 좋은 식품이다.

모든 과일에는 비타민이 풍부하다. 과일의 종류에 따라 그 함량은 다소 다르지만 일반적으로 햇빛을 많이 받고 자란 빨간색 과일은 피를 연상하게도 하며 건강과 에너지를 상징하기도 한다. 과일의 붉은색은 우리 몸 안에서 유해산소를 제거하는 역할을 한다.

붉은색을 띠는 토마토, 사과, 딸기, 수박 등은 항암효과와 더불어 신체기능을 향상시켜 주는 항산화식품이다. 토마토의 붉은색을 결하는 라이코펜은 뛰어난 항산화력으로 암을 예방하는 탁월한 효능이 있다.

연구 결과에서도 밝혀졌다. 하버드 의대 에드워드 지오바누치 박사는 4만 8천 명의 남성을 조사한 결과, 일주일에 토마토를 10회 이상 먹은 남성은 그렇지 않은 사람에 비해 전립선 암 위험이 35%나 줄었다고 한다.

견과류도 과일 이상으로 좋은 식품이다. 잣이나 호두는 기름기가 많다. 과일 무게의 74%나 되는 식물성 지방과 단백질 15%를 함유하고 있다. 그래서 고기를 먹지 않고도 필요한 영양분을 충분하게 채울 수 있어서 좋다.

과일에는 우리 몸에 필요한 필수 영양소가 많이 함유되어 있다. 특히 잣은 사람의 피를 맑게 해 주고 혈압을 낮춰주며 두뇌의 회전을 돕는다. 성인병 예방은 물론 노화 예방에 좋은 식품이다. 잣은 1kg당 660칼로리나 되는 높은 열량을 가지고 있지만 질 좋은 식물성 기름이기 때문에 비만의 원인이 되지는 않는다.

　요즘에는 경제적 여건이 좋아져 과일이나 콩류보다는 고칼로리의 육류를 선호한다. 고칼로리 육류를 선호하는 경향이 있다. 이런 음식 섭취는 비만을 유발하는 등 영양의 불균형을 초래하여 건강을 해칠 수 있다. 실제로 칼로리가 10%만 증가한다면 우리 몸은 영향을 받는다.

　저칼로리 식품으로 식습관을 바꿔야 한다. 몸이 가벼워지고 기분마저 상쾌함을 느낄 수 있을 것이다. 무엇을 먹느냐에 따라 하루의 건강이 좌우하게 된다. 당신의 식습관이 두뇌 발달은 물론 건강까지 책임져 줄 것이다.

08
의사소통 방법을
배워라

인간관계는 소통에서 시작되어 소통으로 끝난다. 대화는 상대방에게 자신의 의사를 가장 간편하고도 명확하게 전달하는 의사소통 방법이자 상대방에게 보다 좋은 관계를 형성하기 위한 수단이 된다. 인적 네트워크의 성공은 커뮤니케이션에서 출발한다.

성공적인 커뮤니케이션은 사람의 생각이나 잠재된 욕망까지 행동으로 바꿔놓을 뿐만 아니라 다른 사람의 마음까지도 바꿔놓는 강한 힘을 가지고 있다.

대화를 잘 하는 사람은 '혀'가 아니라 '귀'를 먼저 내미는 사람이다. 내가 아무리 상대방에게 어떤 달콤한 말을 한다 할지라도 상대방 입장에서 자기가 말하고 싶어하는 이야기의 절반만큼은 흥미가 없기 때문이다.

상대방의 기분이나 상황을 고려하지 않고 일방적으로 밀어붙이는 것은 예의에 어긋나는 행동이다. 급히 서두른다고 많은 내용을 전달하는 것은 아니다. 상대방이 알아듣도록 차분하게 설명하면서 이야기하는 것이 올바른 대화방법이다.

진지한 대화를 하기 위하여 의사소통 방법을 알아야 한다. '123 화법'을 활용해 봐라. 자기가 하고 싶은 말은 1분만 하고, 2분 동안 상대방의 말을 들어주고, 상대방의 말에 3번 맞장구 쳐주는 방법이다. 곧 자신의 의사를 정확하게 전달하는 것도 중요하지만 남의 말을 잘 듣는 것이 우선임을 강조한 말이다.

말을 잘 하는 사람은 남의 말을 잘 듣는 사람이다. 인간성이나 평판이 좋은 사람들의 보면 대개 말수가 적고, 상대편보다 나중에 이야기한다. 적극적으로 다른 사람의 말에 귀를 기울여야 한다. 사람은 자신을 칭찬하는 사람을 칭찬하고 싶어지는 것이 인지상정이다.

'말은 삶의 시작이다' 라는 말이 있다. 우리의 삶이란 말, 곧 대화에서 시작되고 거기에서 함께 사는 공존이 일어난다. 대인관계의 문제는 의사소통의 문제이다. 대인관계가 문제가 있다면 대화의 방식을 바꿔 보는 것이 급선무다.

오늘날 대화에서 중시되는 것이 '경청' 이다. 많은 사람들은 상대방의 말을 수용하는 것보다는 자기주장을 많이 하는 편이다. 상대방의 말을 들으려 하지 않고 자신의 의견만 고집하는 경향이 있다. 경청은 상대방을 높여주는 것 같지만 결국엔 나 자신을 높이는 결과가 된다는 사실을 잊어서는 안 된다.

경청을 할 때 자세도 중요하다. 상대가 말을 할 때에는 두 귀를 쫑긋 세우고 들으면 경청의 효과가 2배 이상 높아진다. 상대의 말을 귀 기울여 듣지 않고 딴전을 피운다거나 상대가 말하는데 끼어들어 전혀 다른 화제를 바꿔놓고 자신이 하고 싶은 말만 하는 것은 커뮤니케이션 스킬 가운데 고쳐야 할 1순위라고 한다.

경청으로 성공한 사람도 있다. 경청은 인간관계를 넘어 사업을 하는데도 많은 도움이 된다. 국내 최초 고졸 출신으로 6년 연속 판매왕으로 널리 알려진 GM 대우 자동차 박노진 이사는 인맥지수를 높이는 노하우를 공개했다. "두 귀를 쫑긋 세워 상대방이 하는 말을 기울여 듣고 긍정적인 반응을 보여라!"고 한다.

낯선 고객을 처음 만나면 두 귀를 쫑긋 세워 고객이 한탄하든, 비방하든, 하소연하든, 고객이 하는 이야기를 경청하면서 이야기를 다 했다 느낄 때서야 그는 고객이 말한 시간의 30% 정도에 해당하는 만큼만 본인 이야기를 해 왔다고 한다.

교육심리학자들도 커뮤니케이션 스킬에서 가장 중요한 것이 공감대를 형성하는 일이라고 한다. 무조건 상대방의 말만 듣는다고 모든 일이 해결되는 것은 아니다. 서로 공감하는 분위기를 만들어야 한다. 서로 간의 마음이 열려야 불안했던 관계가 점점 안정되고 편안해지기 때문이다.

공감은 혼자만의 노력으로 절대 이루어지지 않는다. 공감을 형성하기 위해서는 상대방이 느끼는 기분이나 감정을 이해하는 것과 그 이해하는 바를 말로 받아들이는 것이 필요하다. "요즘 사업하기 너무 힘들어."라는 말을 들으면 "정말 힘이 드시겠군요." 하고 맞장구를 쳐주면 더욱 효과가 있다.

사람은 자신의 희로애락에 대한 상대 반응으로 인해서 안정감과 친근감이 형성된다. 공감이 이루어지기 시작하면 상대방의 온

몸으로부터 변화를 느낄 수 있다. 맥박이 정상적으로 작동하고 엔도르핀이 솟는 신체적인 반응까지 나오게 된다.

우리 모두는 각박한 세상을 살아가고 있다. 몹시 힘들고, 어려울 때 따뜻한 말 한마디는 상대방을 감동시키고 상대방의 마음을 사로잡기에 충분하다. 사업적이든, 가벼운 만남이든 사람을 사로잡을 수 있는 힘을 평소 길러야 한다. 이러한 힘은 삶의 에너지원이 되고 출세를 앞당길 수 있는 계기를 만들어 줄 것이다.

09

성공 파트너를
빨리 잡아라

인생을 살아가는 데 있어서 누구에게나 멘토가 필요하다. 그것은 신이 준 선물이기 때문이다. 대부분의 사람들은 신이 준 선물, 멘토를 찾지 못하고 살아가고 있다. 평생 동안 그 선물을 받지 못하고서 살아간다면 정말 불행한 일이다.

멘토(Mentor)라는 말은 그리스 신화에서 비롯되었다. 고대 그리스의 왕인 오디세우스가 트로이 전쟁을 떠나며 자신의 아들을 보살펴 달라고 한 친구에게 맡겼다. 그 친구의 이름이 바로 '멘토'였다.

그는 오디세이가 돌아올 때까지 그 아들의 친구, 선생님, 상담자, 때로는 아버지가 되어 잘 돌보아 주었다. 그 후로 멘토라는 그의 이름은 지혜와 신뢰로 한 사람의 인생을 이끌어 주는 지도자라는 의미로 사용되었다.

멘토를 찾지 못하는 사람은 신이 선물을 줄 때 손을 내밀지 않았기 때문에 받을 수 없었던 것이다. 하지만 신은 매일매일 멘토를 찾는 사람에게 선물을 준다고 한다. 사실 멘토는 자기 스스로 찾아 나설 때 그 모습을 드러낸다.

오늘날과 같은 시대에 있어서는 한 개인은 개인을 이끌어 줄 역할 모델 혹은 멘토가 있어야 한다. 공존하면서 경쟁하는 체제의 시대이기 때문에 더욱 멘토의 가치는 중요하다. 그래서 그런가 오늘날처럼 컨설턴트라는 멘토의 역할을 하는 직업이 공식적으로 활동하는 시대는 없다고 할 것이다.

물론 멘토가 없다고 해서 성공할 수 없는 것은 절대 아니다. 긴 인생 여정을 살아가다 보면 반드시 힘들고 어려운 때가 찾아오기 마련이다. 이런 때 멘토가 있으면 성공적인 삶을 살아가는데 버팀목이 될 것이다.

성공 파트너를 빨리 잡아라. 빨리 잡으면 잡을수록 성공의 기회를 앞당길 수 있다. 그래서 인생을 운전에 비유하는 사람도 있다. 우리가 늘 다니던 길로 고집스럽게 가기보다는 네비게이션에 의존하여 가면 훨씬 지름길로 갈 때가 있다. 물론 모르는 길은 더 말할 나위가 없다. 인생도 네비게이션에 해당하는 멘토를 만난다면 훨씬 빠른 지름길을 안내받을 수 있을 것이다.

인생이란 나와 인연이 되어 알고 지내게 된 사람, 모두가 함께 더불어 살아가는 것이다. 정작 중요한 일을 부탁할 때, 혼자서 해결하기 어려운 위기에 빠졌을 때 도움을 요청하고 줄 수 있는 멘토가 필요하다. 인생은 어려운 일에 처했을 때 친구처럼 후원해 줄 수 있는 사람이 주변에 단 한 명이라도 있으면 그 사람은 성공한 사람이다.

대학생을 대상으로 한 설문조사에서 인맥지수는 '성공을 위해 가장 중요한 지수'로 손꼽힐 만큼 중요한 항목으로 자리를 잡고 있다. 그만큼 젊은 사람들 사이에는 인맥을 형성하는 것이 성공적인 삶을 살아가는데 필요하다는 것을 공감하고 있다는 것을 느낄 수 있다.

인생은 보다 길고, 장기적인 계획을 세워야 한다. 오늘을 기점으로 10년 후를 생각하면 아득하지만, 10년 후 나의 모습을 그리고 3년 후, 1년 후, 그리고 오늘의 나를 생각하면서 구체적인 그림이 그려질 것이다. 10년 후 나의 모습을 위하여 오늘은 무엇을 할 것인가, 장기적인 계획을 세우고 어떤 사람이 나의 멘토가 될 것인가, 끊임없이 생각한다면 지나고 나서 후회하는 일은 없을 것이다. 다가오는 나의 인연을 놓치지 말아야 한다.

세상에 내 이익만 챙기려고 접근하는 사람을 환영할 사람은 한 명도 없다. 내가 도움을 받기 위해서는 나도 그만큼 신뢰와 믿음을 쌓아야 한다. 혹시 먼저 도와줄 수 있는 일이 있다면 상대방이 말하기 전에 먼저 다가가는 것이 바람직한 방법이다. 당신의 배려가 두 배로 감동을 받을 것이다. 당신이 어려울 때 그 사람이 발 벗고 나설 것이다.

내가 먼저 시작하라. 모두 다 알고 있지만 귀찮아서 하기 싫은 일이 종종 있다. 나는 먼저 생각하지 못했는데 누군가가 하는 것을 보고 사소한 것에 놀랄 때도 있다. 이럴 때 만약 그 일을 한다면 당신은 더욱 눈에 띄게 된다. 그러나 눈에 띄고자 의도적인 행동을 한다면 그 역시 눈에 거슬릴 수 있다. 평소에 '내가 먼저' 하는 습관을 들이는 노력이 인맥을 형성하는데 큰 도움이 된다.

멘토는 그냥 주어지는 것이 아니다. 자기 스스로 찾아 나설 때 멘토는 그 모습을 드러낸다. 자신과 인생을 같이 갈 멘토를 만나기 위해서는 먼저 자신의 가슴속에 있는 열정이 무엇인지를 알아야 한다.

어찌 보면 멘토는 자신의 가슴속에 숨어 있는 열정, 바로 그것인지도 모른다. 자기 안에 들어 있는 또 다른 자기가 멘토인 것이다. 그 또 다른 자기가 하는 말에 귀를 기울이면 자기 밖에서 그와 닮은꼴의 멘토를 쉽게 찾아낼 수 있다. 그런 인생은 아름답고 즐거운 삶이 될 것이다.

| 참고문헌 |

도서

『다중지능』, 하워드 가드너, 김영사, 2001

『브레인 스트레칭』, 정종진, 웅진윙스, 2006

『열정』, 존 고든, 한국경제신문 바이탈북스, 2007

『+1%로 승부하라』, 이근미, 21세기북스, 2008

『지력혁명』, 문용린, 비즈니스북스, 2009

『뇌를 움직이는 메모』, 사카토켄지, 비지니스세상, 2009

『공부하는 독종이 살아남는다』, 이시형, 중앙books, 2009

『아웃라이어』, 말콤 글래드웰, 김영사, 2009

『적자생존의 기술』, 이병호, 연인M&B, 2009

논문 및 기타

〈뇌의 기능 분화와 창의성에 관한 연구〉,
명지대학교 석사학위논문, 신경모, 2003

〈다중지능의 뇌과학적 이해와 교육적 시사점〉,
서울교육대학교 석사학위 논문, 강영희, 2007

〈뇌의 성차와 다중지능〉,
대구교육대학교 교육대학원 석사학위 논문, 고현희, 2008

〈커뮤니케이션스킬과정 교재〉,
행정자치부 지방혁신인력개발원, 2007

〈문제해결기법활용과정 교재〉,
교육과학기술연수원, 2009

〈교육과학기술부가 전하는 희망이야기 꿈나래 21, 1월호〉,
교육과학기술부, 2010